Noch mehr Spiele!

Aus der Reihe außerdem lieferbar:
- Wahrnehmungsförderung (ISBN 978-3-7698-2013-3)
- Sozialkompetenz (ISBN 978-3-7698-2014-0)

112 Seiten, gebunden, Lesebändchen, zweifarbig
ISBN 978-3-7698-2057-7

Dieser „Don Bosco Spieleschatz" steckt voller Bewegung. Zur Förderung einer gesunden körperlichen, emotionalen, kognitiven und sozialen Entwicklung bietet er mehr als 80 grundlegende Spiele und Übungen und das dazugehörige Grundlagenwissen – kurz notiert: Förderung der koordinativen Fähigkeiten, des Gleichgewichts, der Kondition, der Wahrnehmung und der sozialen Kompetenzen.

www.donbosco-medien.de

DON BOSCO

LEBENDIG. KREATIV. PRAXISNAH.

Die Autorin

Jutta Bläsius arbeitet in Luxemburg als Erzieherin mit Montessori-Diplom. Sie ist Entspannungspädagogin und besitzt die Zusatzqualifikation „Psychomotorik". Sie ist Autorin erfolgreicher Praxisbücher, darunter „3 Minuten Bewegung" und „Von Kopf bis Fuß entspannt".

Murmelmusik	40	Sonne und Wolken	36
Popcorn	26	Wachsen und schrumpfen	82
Schlafkönig oder Schlafkönigin	18	Weit atmen	84
Schnurbilder gestalten	43	Wettrennen	12

VERZEICHNIS DER SPIELE

Achtsames Schmecken.... 48
Atempause.............. 73
Auf der Schaukel 96
Blumen blühen 83
Boxenstopp 79
Das Bürstentier 51
Das Duftschälchen 45
Das Kerzenlicht.......... 86
Das Samenkorn.......... 17
Das Zwerglein 66
Dem Stein lauschen 14
Den Atem hören 76
Den Atem „sehen"........ 75
Den Atem spüren 74
Den Ball aufblasen 78
Den Partner wärmen 69
Der Blättertanz.......... 19
Der Blumentopf 22
Der Igel 58
Der kleine Garten 54
Der Königsthron 33
Der Lieblingsduft liegt in der Luft 77
Der Löwe schläft........ 106
Der Maler.............. 64
Der Massagekreis 62
Der Regen 65
Der Schneemann........ 24
Der Schwamm........... 16
Der Spaziergang zum Teich 94
Der Tastkoffer 35
Der versperrte Weg....... 30
Die Duft-Ecke 44
Die Flohkiste 13
Die Fühl-Ecke 34
Die Hagelkörner 28
Die Katze auf der Lauer! .. 20
Die Lausch-Ecke 37
Die Räucherung 46
Die Schlange 68
Die Schmetterlingswiese .. 98
Die Schnecke........... 104
Die stille Ecke 41
Die Suche nach dem Kloß . 52
Die Zauberdecke........ 102
Ein Baum 108
Ein Blatt fällt vom Baum .. 39
Eine Rose 90
Ein Kuchen 92
Einschlafen – aufwachen.. 81
Ein Schmetterling........ 89
Farbentanz............. 42
Festhalten!............. 25
Gegensätze 60
Gehen über die Linie 11
Gehen und liegen 38
Geht ein Mann die Straße entlang 56
Grashalme zupfen........ 70
Im Bienenkorb.......... 85
Im Zauberwald 100
Mit dem Atem fliegen 80

Verzeichnis der Spiele **109**

EIN BAUM ...

K
G

Ziele: Hinführung zu Fantasiereisen, mit einem Fantasiebild zur Entspannung arbeiten

Die Spielleiterin gibt der Gruppe das Fantasiebild eines Baumes vor. Wie viele Impulse sie einbringt, hängt davon ab, wie intensiv sich die Kinder auf dieses Bild einlassen können.

„Stell dir vor, du bist ein Baum. Wo stehst du? Bist du ein großer oder eher ein kleiner Baum? Wie tief reichen deine Wurzeln in die Erde? Kannst du sie spüren? Geben sie dir genügend Halt oder möchtest du sie noch ein klein wenig mehr in der Erde verankern? In welcher Jahreszeit befindest du dich? Trägst du grüne Blätter oder hat der Herbst sie schon weggefegt? Vielleicht wachsen auch Blüten oder bereits Früchte auf dir? Kannst du sie spüren? Wie sehen sie aus? Welche Farbe haben sie? Kannst du sie riechen? Wie riechen sie? ..."

Reflektion:
- Ist es den Kindern gelungen, sich in diesem Bild wahrzunehmen?
- Welches Bild war besonders schön und angenehm?
- Was haben die Kinder über sich selbst erfahren?

strengenden Jagd lässt du nun alle Muskeln locker und liegst ganz entspannt einfach nur da. Es geht dir gut. Du spürst noch einmal wie schwer deine Glieder sind. Sie sind ganz müde und ganz, ganz schwer. Dein ganzer Körper ist schwer. Alles an dir ist ganz, ganz schwer. Spüre einmal, wie schwer dein Körper ist. *(Pause)* Die Sonne scheint angenehm warm vom Himmel. Sie wärmt deinen Bauch und deine Glieder. Es ist dir angenehm warm. Die Sonne wärmt deinen ganzen Körper. Du liegst einfach nur da, ganz müde, ganz schwer und es ist dir am ganzen Körper wohlig warm. Es geht dir gut. Du genießt es, einfach nur dazuliegen, an nichts zu denken und dich ganz entspannt zu fühlen, ganz ruhig und ganz entspannt. Vielleicht musst du noch einmal kräftig gähnen, sodass all deine Zähne zu sehen sind. Das können Löwen sehr gut! *(Pause)* Bleibe nun noch ein klein wenig liegen. Genieße es, ein Löwe zu sein und ganz entspannt im hohen Gras zu liegen. *(Pause)* Doch nun wird es Zeit, sich von dem Löwen zu verabschieden. Komm wieder zurück in diesen Raum ..."

Reflektion:
- Welche Bilder haben geholfen zu entspannen?
- Nach welchen Tätigkeiten fühlen sich die Kinder in ihrem Alltag müde, schwer und entspannt?

DER LÖWE SCHLÄFT

K
G

Ziele: Entspannungsgeschichte als Entspannungstechnik kennen und nutzen lernen, mit Hilfe der Fantasie in eine andere Rolle schlüpfen, Hinführung zum Autogenen Training mit den Formeln der Ruhe, Schwere, Wärme
Material: Bodenmatten

Die Spielleiterin liest den Text langsam, deutlich und mit ruhiger, gleichmäßiger Stimme vor, nachdem die Kinder es sich wieder im Sitzen oder Liegen bequem gemacht haben.

„Stell dir vor, du bist ein großer, starker Löwe! Du bist die ganze Nacht auf der Jagd gewesen. Nun hast du dir einen schönen Platz im hohen Gras der Savanne gesucht.

Du streckst dich aus. Du merkst, wie müde du bist. Die Jagd in der Nacht war anstrengend und hat dich ganz, ganz müde gemacht. Nun liegst du ganz entspannt im Gras. Du bist ganz ruhig und entspannt. Du atmest ganz gleichmäßig ein und aus, ein und aus. Vielleicht musst du auch einmal kräftig gähnen, so wie ein Löwe eben gähnt. Dabei sind all deine starken Zähne zu sehen. Deine Augen sind schon geschlossen, so müde bist du. Ganz bequem und ganz entspannt liegst du im Gras. Deine Glieder werden ganz schwer. Nach der an-

auf deinem Rücken. Es ist angenehm schwer. Du spürst, wie die Schwere auch auf deinen Körper übergeht. Dein Körper ist ganz schwer, angenehm schwer. Spürst du, wie schwer dein Körper ist? Du bist ganz ruhig und ganz entspannt. Die Sonne scheint angenehm warm vom Himmel und wärmt dich. Dein ganzer Körper ist wohlig warm. Du genießt diese angenehme Wärme. Und während du die Wärme immer mehr wahrnimmst, wirst du immer ruhiger. Alles in dir ist jetzt vollkommen ruhig, schwer und warm. Du bist ganz entspannt. Es geht dir gut mit deinem Schneckenhaus auf dem Rücken. *(Pause)* Und so liegst du einfach nur da und freust dich daran, wie gut es dir geht. Du hast keine Eile, denn du bist schließlich eine Schnecke. *(Pause)* Doch dann wird es Zeit, wieder ins Hier und Jetzt zu kommen. Verabschiede dich nun von der Schnecke ..."

Reflektion:
- Inwieweit konnten sich die Kinder mit dem Bild der Schnecke identifizieren?
- Welche Formeln haben am intensivsten zur Entspannung beigetragen?
- Hat sich etwas nach der Entspannung verändert?

DIE SCHNECKE

K
G

Ziele: Entspannungsgeschichte zur Entspannung kennen und nutzen lernen, mit Hilfe der Fantasie in eine andere Rolle schlüpfen, Hinführung zum Autogenen Training mit den Formeln der Ruhe, Schwere, Wärme
Material: Bodenmatten

Die Kinder sollten mit den Gewohnheiten, Vorlieben und Verhaltensweisen einer Schnecke vertraut sein, dies unterstützt die Imagination. Sie machen es sich wieder im Sitzen oder Liegen bequem, während die Spielleiterin den Text langsam, deutlich und mit ruhiger, gleichmäßiger Stimme vorliest:

„Stell dir vor, du bist eine Schnecke. Auf deinem Rücken trägst du dein Haus. Du hast es immer bei dir und kannst dich jederzeit darin zurückziehen. Du hast den ganzen Tag leckere Gräser gefressen. Nun bist du ganz ruhig und entspannt. Es geht dir gut. Du musst an nichts denken. Du kannst einfach nur hier liegen, dich ausruhen und entspannen. Ganz entspannt bist du und du genießt es, hier mit deinem Haus auf dem Rücken eine kleine Pause zu machen. Die ständige Fresserei hat dich ganz müde gemacht. Du spürst, wie müde dein Körper nun ist. Du bist ganz, ganz müde. Du bist ganz ruhig und entspannt. Du spürst dein Haus

Doch dann hast du eine Idee: Du willst ausprobieren, ob der Zauber auch mit einer anderen Farbe funktioniert und zwar mit deiner Lieblingsfarbe. Du kuschelst dich noch einmal in die schöne warme Decke ein und spürst wieder, wie müde du wirst. Deine Augen fallen dir für einen Moment zu, so müde und entspannt fühlst du dich. Als du sie wieder öffnest, kannst du kaum glauben, was du siehst: Alles um dich herum strahlt nun in deiner Lieblingsfarbe: die Wände, die Decken, der Fußboden, die Möbel, alles hat deine Lieblingsfarbe angenommen. Wo du auch hinschaust – überall ist sie zu sehen. Du genießt es, alles in der Farbe zu sehen, die du so gerne magst. Und so schaust du dir deine Umgebung in deiner Lieblingsfarbe noch ein klein wenig an. *(Pause)* Dann wird es Zeit, dich zu verabschieden. Aber du kannst ja jederzeit wieder die Zauberdecke aus der Zauberkiste nehmen und deine Umgebung in Farbe verwandeln. Nun aber kehre in diesen Raum zurück ..."

Reflektion:

- Wie ist den Kindern die Visualisierung gelungen?
- Was hat zur Entspannung beigetragen?
- Können die Kinder sich vorstellen, diese Fantasiereise im Alltag anzuwenden?

DIE ZAUBERDECKE

Ziele: mit Farbbildern fantasieren, deren wohltuende Wirkung erfahren
Material: Bodenmatten

Die Kinder machen es sich im Sitzen oder Liegen bequem. Der Spielleiter liest den Text langsam, deutlich und mit ruhiger, gleichmäßiger Stimme vor:

„Stell dir vor, du findest eine Kiste mit einem Zettel daran. Auf dem Zettel steht: ‚In dieser Kiste liegt eine Zauberdecke. Wer sie benutzt, der verzaubert seine Umgebung!' Nanu?, denkst du, das will ich einmal ausprobieren. Du öffnest die Kiste, nimmst die Decke heraus und kuschelst dich vollkommen darin ein. Die Decke ist ganz weich und angenehm warm. Du bist ganz entspannt und es geht dir gut unter deiner Zauberdecke. Du bist so müde, dass dir für einen kurzen Moment die Augen zufallen. Als du sie wieder öffnest und die Decke zur Seite schiebst, traust du deinen Augen nicht. Alles um dich herum ist plötzlich orange. Die Wände, der Fußboden, die Decke, alle Möbel sind orange. Deine Kleider sind sogar orange. Alles um dich herum leuchtet in einem angenehmen, warmen Orange. Du schaust dich noch einmal in aller Ruhe um und freust dich an dem Orange, das dich umgibt.

dich in dein Wunsch-Tier. *(Pause)* Wie fühlst du dich in deinem neuen Körper? Was siehst du? Was wirst du nun tun? *(Pause)* Genieße es eine Weile, in dieser Rolle des Tieres zu sein. *(längere Pause)* Doch nach einer Weile wird es Zeit für dich, wieder zurückzukehren. Und so machst du dich langsam auf den Weg zu den zwei mächtigen Bäumen, um dich wieder in ein Kind zu verwandeln. Bevor du durch das Tor gehst, schaust du dich noch einmal genau an. Dann verabschiedest du dich in Gedanken von dem Tier, das du warst. Du gehst durch das Tor und verwandelst dich sofort wieder in dich selbst. Du erinnerst dich noch einmal daran, wie es dir in der Rolle des Tieres ergangen ist, was du getan und erlebt hast. Lass dir noch einen Moment Zeit, um dich dann von dem Wald zu verabschieden. *(Pause)* Komm nun wieder zurück in diesen Raum ..."

Im Anschluss sollte den Kindern die Möglichkeit gegeben werden, sich als Tier, in das sie sich in der Fantasie verwandelt haben, zu malen.

Reflektion:
- Welche besonderen Merkmale, Fähigkeiten und Fertigkeiten hatte das Tier?
- Wie könnten die positiven Aspekte der Verwandlung in den Alltag übertragen werden?
- Wie fühlen sich die Kinder jetzt?

IM ZAUBERWALD

Ziele: Fähigkeiten und Stärken entdecken oder Wünsche in der Fantasie ausleben, mit Hilfe innerer Bilder entspannen
Material: Bodenmatten

Die Kinder machen es sich im Sitzen oder Liegen bequem. Die Spielleiterin liest den Text langsam, deutlich und mit ruhiger, gleichmäßiger Stimme vor.

„Stell dir vor, du bist in einem Zauberwald. Alles sieht eigentlich so aus wie in einem normalen Wald. Die Vögel zwitschern, die Sonne scheint zwischen den Blättern der Bäume hindurch. Hie und da knarrt ein Ast, der vom Wind geschaukelt wird. Du schaust dich im Zauberwald ein wenig um. Es geht dir gut. Du bist ganz ruhig und entspannt. Du atmest die frische Luft des Waldes tief ein und aus, ein und aus. Da siehst du zwei alte, mächtige Bäume. Sie stehen ein wenig auseinander und bilden mit ihren riesigen Zweigen ein Tor. Wenn du hindurchgehst, beginnt der Zauber. Denn dann verwandelst du dich in ein Tier, das du schon immer einmal sein wolltest. Das möchtest du gerne ausprobieren. Du weißt auch schon genau, in welches Tier du dich gerne einmal verwandeln möchtest! Und so gehst du langsam zwischen den zwei mächtigen Bäumen hindurch und verwandelst

nen Schmetterling. Schau ihm eine Weile zu, wie er ganz ruhig über die Blüten und Gräser auf und ab flattert und in deinen Lieblingsfarben leuchtet. Während du den Schmetterling betrachtest, fühlst du dich ganz entspannt. Du genießt es, einfach nur dazusitzen und den Schmetterling bei seinem Tanz zu beobachten, ihm zuzuschauen, wie er mühelos und leicht über die Wiese schwebt.
Schau dem Schmetterling noch eine kleine Weile zu. Dann verabschiede dich von ihm ...!"

Im Anschluss an die Fantasiereise können die Kinder ein Bild von der Wiese und vor allem von „ihrem" Schmetterling malen.

Reflektion:
- Was haben die Kinder wahrgenommen? Welche Wahrnehmungen waren am intensivsten?
- Wie fühlen sich die Kinder nach dieser Fantasiereise? Hat sich etwas verändert?

DIE SCHMETTERLINGSWIESE

K
G

Ziele: mit Fantasiereisen vertraut werden, innere Bilder entstehen lassen
Material: Bodenmatten

Die Kinder machen es sich im Sitzen oder Liegen bequem. Die Spielleiterin liest den Text langsam, deutlich und mit ruhiger, gleichmäßiger Stimme vor.

„Stell dir vor, es ist ein angenehm warmer Tag. Du machst einen kleinen Spaziergang und kommst zu einer schönen, saftig grünen Wiese. Du suchst dir einen Platz und setzt dich nieder. Die Sonne scheint angenehm warm vom Himmel. Der Wind weht ganz sanft über dich hinweg und streichelt dich ein wenig. Er wiegt die Blumen und Gräser sacht hin und her. Du nimmst ihren Duft wahr und bist ganz entspannt. Du fühlst dich wohl auf deinem Platz. Von hier aus kannst du die ganze Wiese sehen. Du riechst die Düfte um dich herum. Du hörst die Geräusche, die dich umgeben. Es geht dir gut hier auf deinem Platz. Du bist ganz ruhig und entspannt. Da siehst du einen kleinen Schmetterling, der über die Wiese fliegt. Du schaust genauer hin, und als der Schmetterling näher zu dir kommt, stellst du fest, dass seine Flügel genau deine Lieblingsfarben haben. Siehst du, welche Farben er hat? Schau ihn dir genau an, den schö-

eigenen Schaukelbewegungen. Atme ein und aus, ein und aus, ein und aus. *(Pause)* Schaukel nun noch ein klein wenig in deinem eigenen Rhythmus, hin und her, hin und her und achte auf deinen Atem. Jetzt ist es Zeit, wieder zurück in diesen Raum zu kommen ..."

Reflektion:
- Was hat zur Entspannung beigetragen bzw. was hat gestört?
- Welche Gefühle haben die Kinder gespürt?

AUF DER SCHAUKEL

K
G

Ziele: in der Fantasie reisen und dies als entspannend erleben, Beobachtung des eigenen Atemrhythmus'
Material: Bodenmatten

Die Kinder machen es sich im Sitzen oder Liegen bequem. Der Spielleiter liest den Text langsam, deutlich und mit ruhiger, gleichmäßiger Stimme vor.

„Stell dir vor, du sitzt auf einer Schaukel. Sie ist an dem dicksten Ast einer mächtigen Eiche befestigt. Der Ast ist wirklich sehr dick. Die Schaukel ist sicher daran festgemacht. Es ist eine ganz bequeme Schaukel. Sie hat eine Rückenstütze und sogar Lehnen. Sie erinnert dich auf den ersten Blick ein klein wenig an einen bequemen Stuhl ohne Beine. *(Pause)* Du sitzt ganz entspannt und bequem auf deiner Schaukel. Deine Beine bewegen sich langsam und gleichmäßig vor und zurück, vor und zurück, vor und zurück. In diesem Rhythmus schaukelst du gemütlich und ganz entspannt hin und her, hin und her. Du spürst den Wind, der dich ganz sanft streift. Du spürst auch deinen Atem in dir. So wie der Rhythmus deiner Schaukelbewegungen kommt und geht dein Atem. Achte darauf, wie er kommt und geht, kommt und geht, kommt und geht. Atme ein wenig im Rhythmus deiner

Sie wärmt auf angenehme Art deine Glieder.
Die Blumen und Gräser verströmen ihren Duft.
Der Wind verteilt ihn in der warmen Luft.
Nur die Natur ist hier zu hören,
nichts kann deine Ruhe stören.
Du bist ganz entspannt, es geht dir gut.
Du spürst, wie gut die frische Luft dir tut.
Du ruhst dich noch eine kleine Weile aus,
tankst Kraft und Energie für zuhaus.
Nun aber verabschiedest du dich vom Teich
und kommst zurück in diesen Raum sogleich."

Nach einer kurzen Gesprächsrunde werden die Kinder dazu angeregt, ein Bild zu malen. So können sie ihre inneren Eindrücke zum Ausdruck bringen.

Reflektion:
- Welche Bilder haben besonders gut zur Entspannung beigetragen?
- Wie fühlen sich die Kinder jetzt? Hat sich etwas verändert?

DER SPAZIERGANG ZUM TEICH

K
G

Ziele: Entspannungsgedicht als Möglichkeit zur Entspannung kennen lernen, Vorbereitung zu längeren Fantasiereisen, Gehörtes in der Fantasie lebendig werden lassen, mit Hilfe eigener innerer Bilder entspannen
Material: evtl. Bodenmatten

Ein Entspannungsgedicht kann sich, ebenso wie ein Entspannungsrätsel, zu einem Einstieg für Fantasiereisen eignen. Es ist recht kurz und stellt somit nur geringe Anforderungen an die Konzentration und die Ausdauer der Kinder. Die Kinder machen es sich im Sitzen oder Liegen bequem und der Text wird vorgelesen.

„Ich lade dich ein zu einem Spaziergang zum Teich.
Schließe die Augen, du erreichst ihn gleich.
Der Weg führt über die Wiese, am Waldrand vorbei.
Ein Rabe begleitet dich mit seinem Geschrei.
Da ist auch schon der Teich zu sehen,
es sind nur noch ein paar Schritte zu gehen.
Am Rand des Teiches setzt du dich nieder.
Die Vögel zwitschern munter ihre Lieder.
Eine Libelle zieht über dem Wasser ihre Kreise.
Ein Frosch sitzt am Teich und quakt ganz leise.
Die Sonne scheint vom Himmel hernieder.

mals vor dem inneren Auge. Welche Farbe hat er, welche Form? Wie riecht er? Hat er eine feste oder weiche Konsistenz? Welchen Duft verbreitet er? All diese Fragen unterstützen die Kinder beim Visualisieren. Nach ein paar Minuten wird die Übung beendet. Es folgt eine kurze Reflektion, bevor der Kuchen aufgegessen wird.

Reflektion:
- Was hat dazu beigetragen, dass die Visualisierung gelungen oder vielleicht nicht gelungen ist?
- Welche weiteren Gegenstände eignen sich nach Meinung der Kinder zur Visualisierung?

EIN KUCHEN

K
G

Ziel: Visualisieren als Entspannungsmöglichkeit kennen lernen
Material: Kuchen, Messer, evtl. Teller

Beim Visualisieren geht es darum, ein Bild vor dem inneren Auge zu reproduzieren. Die Technik ist für Vor- und Grundschulkinder besonders gut geeignet, da sie wesentlich weniger Zeit beansprucht als eine Fantasiereise.

Zunächst wird ein Gegenstand betrachtet und mit möglichst vielen Sinnen wahrgenommen. Dann werden die Augen geschlossen. Der Gegenstand soll nun vor dem inneren geistigen Auge möglichst exakt reproduziert werden. Mit dieser Technik gelingt es, zur Ruhe zu kommen, sich zu konzentrieren, Kraft zu tanken.

Für die folgende Visualisierung wird zusammen mit den Kindern ein Kuchen gebacken. Er wird in die Kreismitte gestellt, und die Kinder sitzen auf Stühlen darum herum.

Der Spielleiter erinnert die Kinder kurz daran, wie sie den Kuchen gebacken haben. Sie werden nun von ihm dazu eingeladen, den Kuchen noch einmal in aller Ruhe genau zu betrachten und wahrzunehmen, bevor er aufgegessen wird. Die Kinder schließen die Augen und visualisieren den Kuchen noch-

- Wie schwierig war es, mit der Lösung des Rätsels zu warten?
- Welche weiteren Dinge eignen sich als Entspannungsrätsel?

EINE ROSE

Ziele: Hinführung zu imaginativen Entspannungsverfahren, Entspannungsrätsel kennen lernen, mit inneren Bildern entspannen
Material: Sitzkissen oder Bodenmatten

Die Kinder machen es sich im Sitzen oder Liegen bequem. Die Spielleiterin liest den Text langsam und mit ruhiger, gleichmäßiger Stimme vor.

„Du bist eine Blume. Es gibt dich in vielen unterschiedlichen Farben, in Rot, Weiß, Gelb, Orange, Lila … Mal ist dein Stiel ganz lang, mal ist er kurz. Du wächst nicht nur als einzelne Blume. Man kann dich auch als Strauch in Parks und Gärten sehen. *(Pause)* Man nennt dich die „Königin der Blumen", denn du bist eine ganz besondere Blume. *(Pause)* An deinem Stiel wachsen kleine Dornen. Sie schützen dich, damit dir keiner wehtun kann. Du verbreitest einen angenehmen, entspannenden Duft. Welche Blume bist du? Und wie siehst du aus?"

Die Kinder können sich nun in ihrer Fantasie vorstellen, wie sie als Blume aussehen. Dann wird das Rätsel gemeinsam gelöst.

Reflektion:
- Was hat zur Entspannung beigetragen und was war störend?

EIN SCHMETTERLING

Ziele: Hinführung zu imaginativen Entspannungsverfahren, mit Entspannungsrätseln vertraut werden, innere Bilder zur Entspannung nutzen lernen
Material: Sitzkissen oder Bodenmatten

Die Kinder suchen sich eine bequeme Position im Sitzen oder Liegen. Der Spielleiter spricht mit ruhiger Stimme langsam und deutlich den folgenden Text:

„Du bist ein wunderschönes Tier
mit Flügeln, dünn wie Papier.
Du hast Ohren, Beine, Fühler und Augen.
Mit deinem Rüssel kannst du Blütennektar saugen.
Hast du dich an dem Nektar erfrischt,
heißt es aufgepasst, dass kein Vogel dich erwischt!
Trotz deines Rüssels bist du doch kein Elefant –
wie wirst du von den Menschen genannt?"

Nun wird den Kindern noch ein wenig Zeit gegeben, um sich in ihrer Fantasie mit dem Bild des Schmetterlings zu beschäftigen. Danach wird das Rätsel gelöst.

Reflektion:
- Was hat zur Entspannung beigetragen?
- Welche imaginativen Entspannungstechniken nutzen die Kinder in ihrem Alltag?

Spiele mit entspannenden inneren Bildern

Angeleitete Bilder zum Fantasieren entfalten ihre entspannende Wirkung am intensivsten, wenn sie ruhig, friedlich und eindeutig sind. Der Text muss die Kinder ansprechen und langsam, in gleichmäßigem Sprechrhythmus frei erzählt werden. Viele Pausen ermöglichen es, eigene innere Vorstellungen zu entwickeln und geben den Kindern die Zeit, in sich zu ruhen. Dies sollte immer berücksichtigt werden. Es wird in den Übungen nicht mehr explizit erwähnt! Der Text sollte möglichst viele Wahrnehmungskanäle ansprechen, sodass das Gehörte besonders intensiv erlebt werden kann. Wenn die Kinder dabei die Augen schließen, unterstützt sie dies darin, ganz bei sich zu sein.

Jede Reise in die Fantasie beginnt mit einer kurzen Einleitung. Die Kinder werden aufgefordert, eine bequeme Position einzunehmen, ihren Atem zu beobachten, zur Ruhe zu kommen und sich auf eine Reise in die Fantasie einzustellen. Die Übung endet immer mit der Rückführung! Der Kreislauf wird wieder in Schwung gebracht und die Kinder aus ihrer Fantasie in das Hier und Jetzt geführt. Je tiefer die Entspannung war, umso energischer muss die Rückführung sein. Fordern Sie alle mit kraftvoller, fester Stimme auf, die Augen zu öffnen, sich kräftig zu recken und zu strecken, tief ein- und auszuatmen und lustvoll zu gähnen. So werden die Kinder wieder wach und finden zurück in die Realität.

SPIELE MIT ENTSPANNENDEN INNEREN BILDERN

Junge Kinder haben in der Regel eine lebhafte Fantasie, u. a. auch deshalb, weil sie sich noch in der Welt des magischen Denkens befinden. Dies erleichtert es ihnen, mit bildhaften Vorstellungen zu arbeiten und den Zugang zu Entspannungsrätseln, Visualisierungen und Fantasiereisen zu finden.
Dabei wird die Fantasie beflügelt, die bildhafte Vorstellungskraft gestärkt, die Konzentrationsfähigkeit geschult und die Macht positiver Gedanken erkannt und genutzt. In einen Text eingebettete Entspannungsformeln (z. B. „Ruhe", „Schwere", „Wärme") provozieren entsprechende Körperreaktionen: Die Muskulatur wird locker, die Atmung wird ruhiger, die Blutgefäße weiten sich. Der Körper entspannt.
Imaginationen bringen die Kinder in intensiven Kontakt mit sich selbst, sie tragen zur Selbstwahrnehmung bei und stärken das Selbstvertrauen. Werden bestimmte Themen angesprochen (Ängste, Wut, geringes Selbstvertrauen usw.), unterstützt dies die Auseinandersetzung mit Problemen und zeigt den Kindern Lösungswege auf.

DAS KERZENLICHT

K G

Ziele: einen gemeinsamen Atemrhythmus finden, Einüben der Bauchatmung, den Atem hörbar und sichtbar machen
Material: Kerze, Streichhölzer, kleiner Tisch

Die Kinder sitzen auf Stühlen im Kreis um den kleinen Tisch herum. Auf dem Tisch steht eine brennende Kerze. Die Kinder achten nun auf ihren Atem, sein Kommen und Gehen.

In der anschließenden Übung geht es darum herauszufinden, ob die Gruppe es schafft, gemeinsam die Kerze in der Mitte auszupusten. Dies müsste gelingen, wenn alle gleichzeitig einen tiefen, kräftigen Atemzug in Richtung der Flamme schicken. Die Kinder probieren es aus. Gemeinsam wird nun zweimal hintereinander ein- und ausgeatmet. Bei: „Drei!" atmen alle durch den Mund kräftig in Richtung der Flamme aus. Wie viele Versuche benötigen die Kinder, um die Kerze auszupusten?

Reflektion:
- Wie haben die Kinder den gemeinsamen Atemrhythmus erlebt?
- Woran lag es, dass die Kerze nicht bzw. sehr schnell ausgepustet werden konnte?

IM BIENENKORB

Ziele: Einüben der Bauchatmung, Verlängerung des Ausatmens, das Ausatmen hörbar machen

Die Kinder nehmen eine bequeme Sitz- oder Liegeposition ein. Der Spielleiter lenkt nun die Aufmerksamkeit der Kinder auf ihren Atem. Er soll langsam und gleichmäßig im individuellen Rhythmus eines jeden Kindes fließen. Sind alle zur Ruhe gekommen, bittet er sie darum, das Ausatmen mit einem anhaltenden „Sssssss" zu begleiten. Der Ton sollte so lange gehalten werden, wie das Ausatmen dauert. Da nicht alle im gleichen Rhythmus atmen, ergibt sich ein ständiges, mal mehr, mal weniger intensives Summen, so wie es vor einem Bienenstock zu hören ist. Der gleichmäßige Ton wirkt sehr beruhigend und entspannend.

Reflektion:
- Wie schwierig war es, das Ausatmen mit dem Summton zu verbinden?
- Was haben die Kinder während der Übung wahrgenommen?
- Ist den Kindern etwas über ihren Atem bewusst geworden?

Spiele für eine gesunde und beruhigende Atmung

WEIT ATMEN

K
G

Ziele: Sichtbarmachen des Atems, Einüben der Bauchatmung, Hinauszögern des Ausatmens
Material: Handspiegel

Jedes Kind nimmt einen Spiegel in die Hand. In einer kleinen Experimentierphase kann nun mit dem Atem gespielt werden.
Anschließend sollen die Kinder durch die Nase einatmen. Das Ausatmen erfolgt mit leicht geöffnetem Mund, sodass der Atem durch Beschlagen des Spiegels sichtbar wird. Aufgabe der Kinder ist es nun herauszufinden, in welchem Abstand sie den Spiegel zu ihrem Mund halten können, um ihn trotzdem noch mit ihrem Atem zu erreichen. Hier ist also tiefes Ein- und kräftiges, langsames Ausatmen gefragt.

Variante:
Die Kinder prüfen mit ihren Handrücken, wie weit die Hand vom Mund entfernt sein kann, damit der Atem noch gespürt wird.

Reflektion:
- Was haben die Kinder während der Übung wahrgenommen?
- Wie atmen die Kinder denn normalerweise ein und aus?

BLUMEN BLÜHEN

Ziele: sich des eigenen Atemrhythmus' bewusst werden, ihn sichtbar machen, Einüben der Bauchatmung
Material: Chiffontücher

Jedes Kind sucht sich ein Chiffontuch in seiner Lieblingsfarbe aus und alle setzen sich danach im Kreis dicht nebeneinander. Die Tücher verschwinden in den Innenflächen der Hände. Öffnen sich die Hände, wird das Tuch sichtbar.

Die Kinder atmen nun in ihrem eigenen Atemrhythmus ein und aus. Beim Einatmen öffnen sich die Hände. Das Tuch quillt dadurch leicht hervor – die „Blume" öffnet sich. Beim Ausatmen schließen sich die Hände wieder. Die „Blüte" verschwindet in den Handinnenflächen. Da die Kinder in unterschiedlichen Rhythmen atmen, blühen immer wieder einige Blumen, während andere noch schlafen.

Reflektion:
- Was haben die Kinder während der kleinen Übung beobachtet?
- Inwieweit hat das Beobachten der Blumen zur Entspannung geführt?

WACHSEN UND SCHRUMPFEN

K
G

Ziele: bewusstes Ein- und Ausatmen, den Atem in Bewegung sichtbar machen, Einüben der Bauchatmung

Die Kinder stellen sich in einigem Abstand voneinander bequem hin. Die Wirbelsäule ist aufgerichtet, die Schultern sind leicht nach hinten gezogen.
Nachdem alle eine kurze Zeitspanne lang ihr Atmen beobachtet haben, beginnt das Wachsen und Schrumpfen. Die Kinder gehen beim Ausatmen langsam in die Hocke und machen sich klein. Beim Einatmen richten sie sich wieder auf und wachsen nach oben. Dieser Wechsel von Klein- und Großwerden, von Wachsen und Schrumpfen wird fünf bis sechs Atemzüge lang wiederholt.

Reflektion:
- Wie schwierig war es, die Bewegungen mit dem Atem zu kombinieren?
- Wie ging es den Kindern während der Übung?
- Was hat zur Entspannung beigetragen?

EINSCHLAFEN – AUFWACHEN

Ziele: den eigenen Atemrhythmus spüren, ihn sichtbar machen, Einüben der Bauchatmung

Die Kinder nehmen auf ihren Stühlen eine bequeme Sitzhaltung ein. Die Füße stehen hüftbreit parallel auf dem Boden. Die Hände ruhen auf den Oberschenkeln. Jeder atmet nun in seinem eigenen Rhythmus ein und aus. Die Spielleiterin macht die Kinder darauf aufmerksam, dass sich der Oberkörper beim Einatmen ein wenig aufrichtet. Beim Ausatmen dagegen sackt er leicht nach vorne. Die Kinder sollen dies zunächst zwei bis drei Atemzüge lang beobachten. Dann wird den Kindern gezeigt, wie diese Bewegungen noch verstärkt werden können, indem man beim Ausatmen förmlich in sich zusammenfällt. Beim Einatmen richtet sich der Oberkörper dagegen bewusst wieder im eigenen Atemtempo auf. Dies sieht aus, als würde man einschlafen und kurz darauf wieder aufwachen. Die Kinder können es nun selbst einmal ausprobieren. Vielleicht können sie dabei sogar die Augen schließen!

Reflektion:
- Was ist den Kindern aufgefallen?
- Inwieweit konnten sie ein wenig entspannen (körperlich und geistig loslassen)?

MIT DEM ATEM FLIEGEN

K
G

Ziele: den Atem beobachten, ihn mit Bewegung verbinden und sichtbar machen, Bauchatmung einüben

Die Kinder stehen in genügend Abstand voneinander (mindestens zwei Armlängen) in entspannter Haltung. Die Wirbelsäule ist aufgerichtet, der Oberkörper geöffnet. Alle achten einen kurzen Augenblick auf den Atem, sein Kommen und Gehen.
Haben die Kinder ihren Atemrhythmus gefunden, schließen sie die Augen. Sie stellen sich vor, ein Vogel zu sein, der mit seiner Atemwelle mühelos und ohne Anstrengung fliegt. Beim Einatmen gehen die Arme (= Flügel) nach oben, beim Ausatmen nach unten. Dabei sollen sich die Bewegungen dem Atem anpassen und nicht umgekehrt! Nach zwei bis drei Minuten wird der Flug beendet.
Der Spielleiter nutzt die Übung, um die Kinder einmal genau zu beobachten. Bei einer sehr tiefen Atmung gehen die Arme z. B. sehr weit nach oben und unten. Ist die Atmung entspannt, sind die Bewegungen zudem fließend und ruhig.

Reflektion:
- Wie schwierig war es, die Armbewegungen dem Atem anzupassen?
- Was haben die Kinder während ihres Fluges wahrgenommen?

BOXENSTOPP

Ziele: den Wechsel von schneller zu langsamer Atmung bewusst wahrnehmen, entsprechende Anzeichen erkennen und zuordnen lernen
Material: Bodenmatten, CD- oder MP3-Player, Bewegungsmusik

Die Matten werden am Spielfeldrand ausgelegt. Die Kinder bilden zwei Gruppen. Eine der beiden Gruppen übernimmt die Rolle der Rennwagen. Die Kinder der anderen Gruppe verwandeln sich in Monteure. Jeder „Monteur" setzt sich auf eine der Bodenmatten. Die „Rennwagen" bewegen sich nun zur Musik durch den Raum und bei Musikstopp heißt es: „Boxenstopp!" Die „Autos" fahren zu einer Matte und legen sich in Rückenlage darauf. Der „Monteur" legt nun eine Hand auf den Bauch des liegenden Kindes. Spürt er, dass sich die Atmung beruhigt hat, gibt er das O.K. zu einem neuen Start.
Nach zwei oder drei Runden tauschen die Kinder die Rollen.

Reflektion:
- Was ist den Kindern in den unterschiedlichen Rollen aufgefallen?
- Woran haben die „Monteure" die Anspannung bzw. die langsame Entspannung erkannt?

Spiele für eine gesunde und beruhigende Atmung

DEN BALL AUFBLASEN

K
G

Ziele: Einüben der Bauchatmung, Hinauszögern des Ausatmens
Material: Bodenmatten

Die Kinder liegen auf dem Rücken auf ihren Bodenmatten. Die Hände liegen locker auf dem Bauch. Der Bauch ist ein schöner Ball zum Aufblasen. Beim Einatmen wird er ganz dick, fest und rund. Dies probieren zunächst alle aus.

Leider hat der Ball ein kleines Loch, sodass immer wieder Luft entweicht. Man kann es sogar hören: Die Kinder atmen tief ein, sodass sich der Bauch nach außen drückt. Beim Ausatmen lassen sie die Luft mit einem hörbaren „Ffffffffffft" entweichen. Hat der Ball wirklich ein Loch? Wir blasen ihn noch einmal auf. Ja, tatsächlich! Die Luft entweicht wieder hörbar. Wir testen dies noch ein oder zweimal. Dann wird die Übung beendet.

Reflektion:
- Was haben die Kinder wahrgenommen?
- Was hat das hörbare Ausatmen bewirkt?

DER LIEBLINGSDUFT LIEGT IN DER LUFT

Ziele: tiefes, bewusstes Ein- und Ausatmen, Einüben der Bauchatmung

Jedes Kind hat bestimmt einen Lieblingsduft. Das kann der Geruch eines frisch gebackenen Kuchens, der Körpergeruch der Mama oder das Rasierwasser des Papas sein. Mit diesem Lieblingsduft wird immer etwas Positives verbunden. Er ist so angenehm und wohltuend, dass wir ihn gerne jederzeit, auch hier und jetzt riechen. Mal sehen, ob dies gelingt ...
Die Kinder nehmen eine bequeme Position ein und schließen die Augen. Alle rufen sich nun ihren Lieblingsduft in Erinnerung. Vielleicht ist er zunächst nur etwas vage zu erschnuppern. Mit jedem Atemzug wird er aber präsenter und stärker. Tiefes Einatmen durch die Nase sorgt für eine besonders lange und intensive Wahrnehmung des Lieblingsduftes.
Jedes Kind hat nun Zeit, sich seinem persönlichen Dufterlebnis hinzugeben. Wer seine Augen wieder öffnet, signalisiert das Ende seiner Übung.

Reflektion:
- Konnten die Kinder ihren Lieblingsduft riechen?
- Was haben die Kinder dabei gefühlt und gedacht?
- Was haben die Kinder noch wahrgenommen?

Spiele für eine gesunde und beruhigende Atmung

DEN ATEM HÖREN

K
G

Ziele: den Atem hören, auf Atemgeräusche achten, die Beruhigung des Atems wahrnehmen
Material: Bodenmatten

Nach einer intensiven Bewegungsphase bilden die Kinder Paare. Eines der beiden Kinder legt sich auf die Matte. Es atmet nun in seinem gewohnten Atemrhythmus. Sein Partner beobachtet aufmerksam, ob der Atem des liegenden Kindes zu hören ist. Vielleicht muss er sein Ohr auch immer dichter an den Partner heranführen, um den Atem wahrzunehmen. Nach ein bis zwei Minuten wird die Übung beendet und mit vertauschten Rollen wiederholt.

Reflektion:
- Was ist den Kindern aufgefallen?
- Was haben sie über sich selbst erfahren?

DEN ATEM „SEHEN"

Ziele: den Atem des Partners „sehen", Atmung bewusst wahrnehmen
Material: Bodenmatten, evtl. einfache Körper-Schemazeichnungen

Die Kinder bilden Paare. Jeweils eines der beiden Kinder setzt sich auf die Matte. Hier wartet es, bis der Partner nach einer kurzen, intensiven Bewegungsphase zu ihm kommt. Das Kind legt sich nun mit dem Rücken auf die Unterlage. Der Partner kniet sich daneben. Seine Aufgabe ist es, den Atem des Partners zu beobachten, ihn z. B. am Heben und Senken des Brustkorbs nachzuvollziehen. Je nach Interesse der Kinder, kann das Ergebnis auf einer Körper-Schemazeichnung eingetragen werden. Ist der Atem zur Ruhe gekommen, wird das Spiel beendet und die Kinder tauschen die Positionen.
In weiteren Spielrunden kann der Atem auch im Stehen beobachtet werden.

Reflektion:
- An welchen Körperstellen wurde der Atem am stärksten, weniger stark oder gar nicht beobachtet?
- Wann wird im Alltag der Atem eines Menschen sichtbar?

Spiele für eine gesunde und beruhigende Atmung

DEN ATEM SPÜREN

K
G

Ziele: den Atem erspüren, Atmung bewusst wahrnehmen
Material: Bodenmatten, einfache Körper-Schemazeichnungen, Stifte

Die Kinder bilden Paare. Jeweils eines der beiden Kinder legt sich auf den Rücken. Der Partner kniet sich daneben. Das liegende Kind atmet nun in seinem Atemrhythmus. Sein Spielpartner hat die Aufgabe herauszufinden, wo der Atem gespürt werden kann. Er legt z. B. seine Hände behutsam auf verschiedene Körperstellen und fühlt, wo der Atem am stärksten, nur schwach oder gar nicht zu spüren ist. Die Spielleiterin geht von Paar zu Paar und fragt nach den Beobachtungen der Kinder. Das Ergebnis wird anschließend gemeinsam mit den Kindern auf eine einfache Schemazeichnung des Körpers übertragen.

Reflektion:
- An welchen Körperstellen haben die Kinder den Atem am intensivsten gespürt, wo am wenigsten, wo gar nicht?
- Was können die Kinder aus den Zeichnungen herauslesen?
- Hat das Auflegen der Hände das Atmen des liegenden Kindes beeinflusst?

ATEMPAUSE

Ziele: den eigenen Atem beobachten, ihn in der Anspannung und Entspannung erleben, Symptome der Atementspannung wahrnehmen, Individualität des Atemrhythmus' erkennen

Die Kinder bewegen sich anfangs möglichst intensiv im Raum. Auf ein Signal hin, legen sich alle in Rückenlage auf den Boden. Hier achten die Kinder nun intensiv auf ihren Atem. Wer wieder ganz ruhig und gleichmäßig atmet, der setzt sich hin. Sitzen alle, wird kurz über die Wahrnehmung der Kinder gesprochen. Nach einer weiteren intensiven Bewegungsphase folgt wieder die Beobachtung des Atems: Hier können die Kinder nun gezielt auf bestimmte Dinge aufmerksam gemacht werden.

Reflektion:
- Was ist den Kindern aufgefallen?
- Woran haben sie die Atemberuhigung erkannt?
- Kennen die Kinder Techniken, um die Atemberuhigung zu unterstützen?

Spiele für eine gesunde und beruhigende Atmung

Eine gesunde Atmung geht zudem tief und langsam in den Bauchraum hinein. Beim Einatmen wölbt sich der Bauch etwas nach außen, beim Ausatmen geht er nach innen. Der Atemvorgang massiert und stärkt die inneren Organe und regelt das Ausscheiden der Stoffwechselschlacken. Außerdem versorgt er den Körper (und das Gehirn!) mit ausreichend Sauerstoff.

Ein gesunder Atemrhythmus hat eine etwas längere Phase des Ausatmens als des Einatmens. Dadurch werden möglichst viele Giftstoffe ausgeschieden. Zwischen dem Ein- und Ausatmen kommt es in der Regel zu einem kurzen Atemstopp. Diese Zeit nutzt der Körper zum Umschalten. Auch hierauf sollten Kinder aufmerksam gemacht werden.

Kleine Atemübungen können für sich alleine stehen oder in andere Entspannungsübungen integriert werden. Sie führen im Liegen, im Stehen und im Sitzen zur Entspannung. Kinder haben aber eine höhere Atemfrequenz als Erwachsene – das muss bei den Spielen und Übungen berücksichtigt werden.

SPIELE FÜR EINE GESUNDE UND BERUHIGENDE ATMUNG

Unseren Atem nehmen wir im Alltag kaum wahr. Nur wenn er vor lauter Anstrengung ins Stocken gerät, wir plötzlich vor Aufregung außer Atem sind oder vor lauter Anspannung den Atem anhalten, werden wir auf ihn aufmerksam. Hier wird deutlich, dass die Atmung nicht nur körperliche Vorgänge reguliert. Sie nimmt auch Einfluss auf unser geistig-seelisches Wohlergehen bzw. unsere psychische Verfassung beeinflusst auch umgekehrt die Atmung.

Kinder können sehr spielerisch auf die Bedeutung des Atems, dessen Beobachtung und positive Beeinflussung aufmerksam gemacht werden. Atemübungen schulen die Fähigkeit des bewussten Wahrnehmens des Atems und führen zu einer verstärkten Innenwahrnehmung. Sie garantieren die Verinnerlichung gesunder Atemregeln, machen Zusammenhänge deutlich (z. B. körperlich-seelische Verknüpfungen) und lenken die Aufmerksamkeit in das Hier und Jetzt.

Am besten wird durch die Nase eingeatmet. Dadurch wird die Luft richtig temperiert und gefiltert.

GRASHALME ZUPFEN

Ziele: leichtes Zupfen als wohltuend erleben, eine intensivere Durchblutung der Haut spüren
Material: Entspannungsmusik, CD- oder MP3-Player

Die Kinder sollten so wenig Kleidung wie möglich tragen. Sie bilden Paare. Jeweils eines der beiden Kinder sucht sich eine bequeme Position im Stehen und schließt die Augen. Mit Einsetzen der Musik beginnt der Partner nun, imaginäre Grashalme von dem Körper des stehenden Kindes zu zupfen. Gezupft wird mit den Fingerspitzen von Daumen und Zeigefinger beider Hände auf dem ganzen Körper. Der Spielleiter weist die Kinder darauf hin, behutsam vorzugehen. Das Zupfen darf dem Spielpartner nicht wehtun! Bei jüngeren Kindern kann diese Übung in eine kleine Geschichte eingebettet werden.

Der Spielleiter kann auch z. B. am Ende „kontrollieren", ob wirklich alle Grashalme entfernt sind und hier und da vielleicht noch etwas nachzupfen. Dies mögen die Kinder besonders gerne.

Reflektion:
- Wo war das Zupfen angenehm, wo war es eher unangenehm?
- Was haben die Kinder während der Übung und in der Nachspürphase wahrgenommen?

Spiele für eine lockere Muskulatur

DEN PARTNER WÄRMEN

Ziele: unterschiedliche Reize spüren, mit der Wärme einhergehende Empfindungen wahrnehmen, Wärme als Entspannungsmittel kennen und nutzen lernen
Material: Entspannungsmusik, CD- oder MP3-Player

Jedes Kind sucht sich einen Spielpartner. Jeweils eines der beiden Kinder stellt sich bequem hin und schließt die Augen. Aufgabe des anderen Kindes ist es nun, den Partner zu wärmen. Dies kann durch kräftiges Reiben, durch eine kleine Klopfmassage, durch leichtes Zwicken usw. geschehen. Wichtig ist, dass alle Körperteile (außer den zuvor festgelegten Tabuzonen) in die Massage mit einbezogen werden. Leise Entspannungsmusik gibt die Dauer der Massage vor. Bei jüngeren Kindern kann die Massage sprachlich begleitet werden.

Reflektion:
- Welche Massageformen waren angenehm, welche eher unangenehm?
- Wo wurde die Wärme am intensivsten, wo am wenigsten gespürt?
- Inwieweit haben die Kinder bereits in anderen Situationen Wärme als entspannend erlebt?

DIE SCHLANGE

Ziele: Körperkontakt am Rücken und den Beinen zulassen, unterschiedliche Berührungsreize spüren
Material: Bodenmatten

Die Kinder bilden Paare. Ein Kind legt sich in Bauchlage auf die Bodenmatte, der Partner kniet sich daneben. Er ahmt mit seinem Zeigefinger die Bewegungen einer Schlange auf der Körperrückseite des liegenden Kindes nach.

„Eine Schli-, Schla-, Schlange,
eine wirklich lange,
schlängelt über Gras und Teer,
schlängelt hin und schlängelt her.
Schlängelt über Stock und Stein,
schlängelt auch über dein Bein
und sucht sich ein Versteck –
schlängelt sich schnell weg!"

Am Ende verschwindet die „Schlange". Vielleicht sucht sie sich ihr Versteck unter dem liegenden Kind oder schleicht sich einfach davon.

Reflektion:
- War die „Schlängelei" angenehm oder eher unangenehm?
- Kann das liegende Kind nachvollziehen, welchen Weg die „Schlange" genommen hat?

Reflektion:
- Welche Berührungen waren angenehm, welche unangenehm?
- An welchen Körperstellen wurde die „Massage" besonders intensiv bzw. kaum wahrgenommen?
- Welche weiteren Ideen für angenehme Berührungen haben die Kinder?

DAS ZWERGLEIN

Ziele: Massage an verschiedenen Körperstellen in Partnerarbeit, unterschiedliche Berührungsreize zulassen und wahrnehmen

Jedes Kind sucht sich einen Spielpartner. Eines der beiden Kinder nimmt eine bequeme Position im Stehen ein. Sein Partner führt die beschriebene Massage an vielen unterschiedlichen Körperstellen aus.

„Kommt ein Zwerglein an und sagt:
‚Ich reibe hier, reibe da, reibe dort
und geh' dann wieder fort!'
Kommt ein Zwerglein an und sagt:
‚Ich drück dich hier, drück dich da, drück dich dort
und geh' dann wieder fort!'
‚Ich male hier, ...!'
‚Ich schüttle dich hier, ...!'
‚Ich kitzle hier, ...!'
‚Ich klopfe hier, klopfe da, klopfe dort
und da rennst du ganz schnell fort!"

Am Ende der Massage läuft das massierte Kind davon. Für sehr lebhafte Kinder kann dies eine Wohltat sein, da sie hier ihren Bewegungsdrang befriedigen können. Wird das Kind von seinem Partner gefangen, tauschen die beiden die Rollen.

DER REGEN

Ziele: Partner-Rückenmassage, unterschiedliche Reize wahrnehmen
Material: Bodenmatten

Die Kinder bilden Paare. Ein Kind legt sich auf die Matte, der Partner kniet daneben und massiert.
 „Der Regen zieht als graues Band
 heute übers ganze Land.
 (Mit flacher Hand über den Rücken streichen)
 Die ersten Tropfen fallen nieder,
 auf den Rücken, den Kopf, die Glieder.
 (Mit Fingerspitzen leichten Regen darstellen)
 Stärker werden nun die Tropfen,
 man hört sie auf die Straße klopfen.
 (Kräftiger regnen lassen)
 Blitz und Donner setzen ein
 und es hagelt obendrein?
 (Kräftig auf den Rücken klopfen)
 Da kommt die Sonne, welch' ein Segen!
 Sie saugt nun auf den ganzen Regen.
 (Die Hände überall auf den Rücken drücken)
 Und ein bunter Regenbogen
 hat den Himmel überzogen!"
 (Einen Regenbogen mit den Fingern ziehen)

Reflektion:
- Sind bei den Kindern Fantasiebilder entstanden?

Spiele für eine lockere Muskulatur

DER MALER

Ziele: Partner-Rückenmassage, unterschiedliche Berührungsreize zulassen und bewusst wahrnehmen

Die Kinder bilden Paare. Jeweils eines der beiden Kinder sucht sich eine bequeme Position im Sitzen, Stehen oder Liegen. Sein Spielpartner bringt den folgenden Text auf dem Rücken „in Bewegung":

„Ein Bild zu malen ist nicht schwer!
Zuerst muss nun der Rahmen her.
Soll er groß sein oder klein?
Welches Bild soll denn hinein?
Vielleicht ein Baum?
Oder ein Haus?
Ich denk mir einfach etwas aus.
Mal es in den Rahmen rein,
und du darfst raten: Was soll's sein?"

Am Ende malt das Kind ein beliebiges Motiv auf den Rücken des Partners. Bei jungen Kindern klärt der Spielleiter vorher ab, dass nur ein einziger Gegenstand dargestellt werden soll.

Reflektion:
- Konnte das Bild des Partners erkannt werden?
- Was hat bei den Kindern zur Entspannung beigetragen?

Reflektion:
- Haben sich die Kinder in den unterschiedlichen Rollen entspannen können?
- Was war besonders angenehm, was war eher unangenehm?

DER MASSAGEKREIS

K
G

Ziele: Massagen mit unterschiedlichen Materialien zum Entspannen kennen lernen, unterschiedliche Körperreize spüren
Material: Pinsel, verschiedene Bürsten, Schwämme, Korken, Bodenunterlagen, Gong o. Ä.

....

Die Kinder sollten ausreichend Zeit haben, mit den Materialien zu experimentieren und verschiedene Massageformen auszuprobieren.

Die Bodenunterlagen werden im Kreis ausgelegt. Die Hälfte der Gruppe legt sich mit dem Bauch darauf und schließt die Augen. Die andere Hälfte sucht sich aus den bereitliegenden Massagegeräten ein Teil aus. Dann kniet sich jedes Kind neben seinen liegenden Spielpartner. Sobald der Gong ertönt, beginnt das kniende Kind die Körperrückseite des anderen Kindes mit seinem Massagegerät zu massieren. Ertönt der Gong erneut, wird im Uhrzeigersinn der Partner gewechselt und wieder massiert.

Die Übung endet, wenn jedes liegende Kind einmal von jedem Kind massiert wurde. Die beiden Gruppen tauschen sich kurz miteinander aus. Dann wechseln sie die Plätze und jetzt werden die „Masseure" massiert.

Hier fängts an
(Sanft von oben nach unten klopfen)
und hier hörts auf."

Natürlich können die Kinder auch eigene Bewegungen ausprobieren.

Reflektion:
- Wie wurden die unterschiedlichen Berührungsreize empfunden?
- Welche weiteren Ideen haben die Kinder?

GEGENSÄTZE

K
G

Ziele: gegensätzliche Berührungsreize spüren, wahrnehmen, was angenehm und was unangenehm ist

Jedes Kind sucht sich einen Spielpartner. Die Übung kann sowohl im Liegen, in Bauchlage, als auch im Stehen oder im Sitzen durchgeführt werden.

„Das ist langsam,
(Langsam über den Rücken reiben)
das ist schnell.
(Schnell reiben)
Überall
(Über den ganzen Rücken reiben)
und auf der Stell'.
(Nur auf einer Stelle reiben)
Das tut weh,
(Kräftig klopfen)
das hier nicht.
(Leicht klopfen)
Das da zwickt,
und das hier sticht.
(Mit einem Finger sanft in den Rücken bohren)
Das ist „runter",
(Vom Kopf angefangen, nach unten streichen)
das ist „rauf".
(Von unten nach oben streichen)

Flitzt dann hier nur hin und her,
denn das fällt ihm gar nicht schwer.
(Ball unter den Füßen hin- und herrollen)
Doch dann verlässt er das Versteck
und läuft ganz einfach – weg!"

Am Ende der kleinen Massage stoßen die Kinder ihren Igelball mit dem Fuß an, sodass er wegrollt. Sie beobachten genau, wohin er läuft und heben ihn auf, sobald er liegenbleibt.

Reflektion:
- Wie fühlen sich die Kinder nach der kleinen Fußmassage? Was hat sich verändert?
- Wo wurden die Berührungsreize besonders stark gespürt?

DER IGEL

K
G

Ziele: unterschiedliche Berührungsreize über ein Medium an den Füßen spüren, in Kontakt mit den eigenen Füßen kommen
Material: Bodenmatten, Igelbälle

Jedes Kind bekommt einen Igelball. Alle setzen sich auf die Bodenunterlage. Die Füße stehen dicht nebeneinander. Und dann kann es auch schon losgehen:

„Ein Igel läuft um mich herum.
Er pikst. Und das ist ganz schön dumm.
(Igelball dicht um aufgestellten Füße herum rollen)
Jetzt läuft er über meine Zehen.
Hat er die denn nicht gesehen?
Er läuft von hier nach da, nach dort,
will wohl gar nicht mehr von hier fort!
(Ball mehrmals von einer Seite auf die andere über die Zehen rollen)
Er läuft die Füße rauf und runter.
Er ist wirklich ganz schön munter!
Doch plötzlich kriegt er einen Schreck,
und sucht sich ganz schnell ein Versteck.
(Igelball unter die Füße legen)

Doch auf der Straße ist Ruh!"
(*Zeigefinger vor den Mund halten*)

Hier kommt auch am Ende der Massage Bewegung ins Spiel. Sehr agile Kinder können dabei etwas „Dampf ablassen", bevor vielleicht der andere Arm massiert wird.

Reflektion:
- Können die Kinder einen Unterschied feststellen zwischen dem Gefühl vor und nach der Massage?
- Gab es vielleicht Massagereize, die besonders angenehm oder unangenehm waren?

GEHT EIN MANN DIE STRASSE ENTLANG

K
G

Ziele: Eigenmassage der Arme, das Erspüren unterschiedlicher Reize

Die Kinder setzen sich bequem auf einen Stuhl oder auf den Boden. Der zu massierende Arm kann während der Massage auf den Beinen oder auf einem Tisch liegen.

„Geht ein Mann die Straße entlang.
(Mit Zeige- und Mittelfinger von unten nach oben über den Arm laufen)
Es donnert,
(Mit dem Fuß aufstampfen)
dem Mann wird angst und bang.
Er läuft nach Hause so schnell er kann.
(Von oben nach unten über den Arm laufen)
Kriecht eine Schnecke die Straße entlang.
Es donnert,
der Schnecke wird angst und bang.
Sie kriecht davon, so schnell sie kann.
Läuft ein Hund ...
Schleicht eine Katze ...
Kriecht eine Schlange ...
Flitzt ein Mäuschen ...
Da nimmt das Gewitter immer mehr zu.
Der Donner wird stärker!
(Kräftig stampfen)

Decken sie mit Erde zu,
dass sie schlafen nun in Ruh.
(Mit Fingerspitzen Handinnenfläche kitzeln)
Regen und Sonne helfen dann,
dass alles ganz schnell wachsen kann."
(Regen = mit Fingerspitzen darstellen; Sonne = Handinnenflächen gegeneinanderpressen)

Die Kinder sollten nun Zeit zum Nachspüren haben. Vielleicht möchten sie danach die Massage an der anderen Hand wiederholen?

Reflektion:
- Was war angenehm, was unangenehm?
- Wie fühlt sich die Hand nach der Massage an?

DER KLEINE GARTEN

K
G

Ziele: Eigenmassage der Hände, Erspüren unterschiedlicher Berührungsreize auf den Handinnenflächen

Eine Handinnenfläche stellt den Garten dar, die andere Hand führt die im Text genannten Bewegungen aus. Hier kann jedes Kind selbst entscheiden, wie intensiv es die unterschiedlichen Berührungsreize ausführen will.

„Heute gehts mit Pflanzen los,
unser Garten ist nicht groß!
(Über Handinnenfläche streichen)
Erst muss mal die Harke ran,
die die Erde lockern kann.
(Mit Fingerspitzen über Handinnenfläche kratzen)
Kräftig müssen wir jetzt zupfen
um das Unkraut auszurupfen.
(Haut mit Daumen und Zeigefinger zwicken)
Dann streichen wir die Erde glatt,
klopfen sie ein wenig platt.
Unser Setzholz nehmen wir,
bohren Löcher hier und hier.
(Zeigefinger in Handinnenfläche bohren)
Bohren hier und dort,
setzen Zwiebeln ein sofort.
(Mit Zeigefinger tupfen)

sie rupfen an dem Haar,
und suchen hier und dort.
Der Kloß ist nicht zu finden,
sie gehen wieder fort.
Nun will ich's aber wissen,
wo dieser Kloß wohl steckt!
Ich suche in den Haaren,
da hab ich ihn entdeckt!"

Am Ende formen die Kinder mit ihren Händen einen „dicken Kloß" und betrachten ihn intensiv.

Reflektion:
- Wie wurden die einzelnen Tätigkeiten auf der Kopfhaut wahrgenommen?
- Was hat die kleine Kopfmassage bewirkt?

DIE SUCHE NACH DEM KLOSS

K
G

Ziele: Eigenmassage der Kopfhaut, unterschiedliche Berührungsqualitäten ausführen und wahrnehmen, erspüren, was guttut und was nicht

Die Kinder nehmen eine bequeme Position im Sitzen oder Stehen ein. Die einzelnen Massagetätigkeiten ergeben sich aus dem folgenden Text:

„Da oben in den Haaren,
da ist der Teufel los!
Da suchen viele Zwerge
nach einem dicken Kloß.
Sie laufen durch die Haare,
sie suchen hier und dort.
Der Kloß ist nicht zu finden,
sie laufen wieder fort.
Da kommen andere Zwerge,
sie stampfen durch das Haar,
und suchen hier und dort.
Der Kloß ist nicht zu finden,
sie stampfen wieder fort.
Da kommen andere Zwerge,
sie wühlen in dem Haar,
und suchen hier und dort.
Der Kloß ist nicht zu finden,
sie gehen wieder fort.
Da kommen andere Zwerge,

DAS BÜRSTENTIER

Ziele: Eigenmassage mit Material an unterschiedlichen Körperstellen, körperliche Reaktionen wahrnehmen, unterschiedliche Reize setzen
Material: kleine Bürsten in Tierform (aus dem Drogeriemarkt)

Die Kinder sollten so wenig Kleidung wie möglich tragen. Jeder sucht sich zuerst ein kleines Bürstentier aus. Und weil Bürstentiere sehr neugierig sind, erkunden sie nun alle Körperteile (außer den vorher besprochenen Tabuzonen) und bürsten sie mal mehr, mal weniger intensiv ab. Ist die Arbeit beendet, ruhen sie sich mit den Kindern zusammen ein wenig aus. Die Zeit wird zum Nachspüren genutzt, und zwar so lange, bis alle Kinder fertig sind.

Reflektion:
- An welchen Körperstellen wurde das Abbürsten besonders intensiv gespürt?
- Welche Veränderungen stellen die Kinder nach der Bürstenmassage fest?

Spiele für eine lockere Muskulatur

achten, dass die Kinder nach einem Massagedurchgang die Rollen tauschen.

Der Einsatz von Material gestaltet die Streicheleinheiten zum einen abwechslungsreich, zum anderen kann ein Noppenball, ein Pinsel oder ein Schwamm als Zwischenmedium dienen, wenn direkter Körperkontakt noch nicht erwünscht oder momentan nicht möglich ist.

Massagen, die in sprachlich begleiteten Handlungssequenzen, Reimen oder kleinen Geschichten eingebettet sind, wecken die Fantasie der Kinder und lassen innere Bilder entstehen. Sie sind somit eine gute Vorübung für Entspannungsverfahren, in denen die Visualisierung ein zentrales Entspannungsmittel ist (z. B. Entspannungsrätsel, Fantasiereisen oder Autogenes Training).

SPIELE FÜR EINE LOCKERE MUSKULATUR

Kinder lieben kleine Massagespiele, wenn sie einfühlsam, respektvoll und verantwortungsbewusst durchgeführt werden. Die Streicheleinheiten fördern in besonderem Maße die taktile Wahrnehmung. Sie sorgen für eine gute Durchblutung der Haut, ermöglichen dem Kind, seinen Körper und seine Körpergrenzen zu spüren, machen deutlich, was ihm guttut und was nicht.

Über die Haut als größtes Sinnesorgan nehmen die Kinder unterschiedliche Reize, z.B. in Form von Druck, Zug oder Reibung wahr. Voraussetzung hierfür ist jedoch, dass die Kinder so wenig Kleidung wie möglich tragen. Schließt das Kind, das massiert wird, dabei die Augen, spürt es die Massage noch intensiver. Tabuzonen und unangenehme Berührungen werden vor jeder Massage definiert. Der Spielleiter weist immer wieder darauf hin, dass nicht auf der Wirbelsäule massiert werden darf!

Kindgemäße Massagen können an vielen Körperstellen sowohl in der Einzelbeschäftigung als auch in Partnerarbeit durchgeführt werden. Bei Partnerarbeit müssen die Paare aber unbedingt miteinander harmonisieren. Hier ist des Weiteren darauf zu

ACHTSAMES SCHMECKEN

Ziele: mit allen Sinnen ein Nahrungsmittel wahrnehmen, achtsam sein
Material: z. B. Mandarinenspalten, Nüsse, Rosinen

In der folgenden Übung geht es darum, sich intensiv mit einem Nahrungsmittel auseinanderzusetzen. Es wird z. B. eine Mandarinenspalte intensiv betrachtet. Welche Farbe hat die Haut, welche Farbe hat das Fruchtfleisch? Was ist zu sehen, wenn wir sie gegen das Licht halten? Wie riecht sie? Wie fühlt sie sich an? Was können wir wahrnehmen, wenn wir sie in den Mund legen? Wie schmeckt sie?

Der Spielleiter stellt den Kindern all diese Fragen, und die Kinder sollen sie nur für sich selbst beantworten.

Am Ende wird die Mandarinenspalte aufgegessen und die Übung ist beendet.

Reflektion:
- Was wurde besonders intensiv wahrgenommen?
- Worin liegt der Unterschied zwischen dem achtsamen Schmecken und dem sonstigen Essverhalten der Kinder?

leiter leitet das Ritual mit dem Läuten eines Glöckchens ein und beenden es auch damit.

Reflektion:
- Was haben die Kinder während der Räucherung wahrgenommen?
- Hat die Räucherung Einfluss auf die Stimmung der Kinder gehabt?
- Kennen die Kinder weitere Räuchermöglichkeiten (z. B. Räucherstäbchen, Räucherkegel) von zu Hause?

DIE RÄUCHERUNG

(G)

Ziel: über die Beobachtung des aufsteigenden Rauches und den Duft des Räucherwerks zur Ruhe kommen
Material: Räucherkohle, feuerfeste Schale, Sand, (alternativ Räucher-Stövchen), Räucherwerk (z. B. getrocknete Kräuter, Harze, Samen o. Ä.), Schälchen, Streichhölzer, Glöckchen, Sitzkissen

Für ältere Kinder ist es bestimmt eine interessante Erfahrung, bei einer Räucherung dabei zu sein. Räuchern wird schon seit Urzeiten zu rituellen Anlässen, zu Feierlichkeiten oder zur Heilung und Vertreibung „böser Geister" in allen großen Kulturen zelebriert. In entsprechender Fachliteratur lassen sich viele Informationen über geeignetes Räucherwerk finden! Der Spielleiter platziert dazu in der Mitte des Raumes das Räuchermaterial, das aus der feuerfesten, mit Sand gefüllten Schale, der Räucherkohle, dem Räucherwerk und den Streichhölzern besteht. Um die Stelle herum werden im Kreis Sitzkissen platziert. Haben die Kinder Platz genommen und sind sie alle zur Ruhe gekommen, kann die Räucherung beginnen. Nachdem die Räucherkohle angezündet ist, darf jedes Kind, wenn es das will, ein klein wenig des Räucherwerks auf die Kohle geben. Der Spiel-

DAS DUFTSCHÄLCHEN

Ziele: über das bewusste Wahrnehmen eines Duftes zur Entspannung kommen
Material: kleines Schälchen, Duftmaterial (z. B. Anissterne, Zimtstangen, Pfefferminzblätter, Moos o. Ä.), Glöckchen

Die Kinder sitzen auf Stühlen im Kreis. Die Spielleiterin benennt und erklärt nun das Duftmaterial, das zum Einsatz kommt (Herkunft, Verwendung, Aussehen usw.). Danach lässt sie das Glöckchen klingeln – als Zeichen, dass jetzt nicht mehr gesprochen werden soll.

Die Spielleiterin hält das Schälchen unter ihre Nase und riecht mit geschlossenen Augen daran. Sie wiederholt dies noch ein- bis zweimal. Nach einer kurzen Pause steht sie auf und trägt das Schälchen zu einem Kind. Es darf nun den Duft einatmen, anschließend wiederum zu einem anderen Kind gehen und ihm das Schälchen überreichen. Haben alle den Duft des Duftmaterials eingeatmet, wird die Übung mit dem Läuten des Glöckchens beendet.

Reflektion:
- Wie wurde der Duft wahrgenommen?
- Haben sich die Kinder durch das Einatmen des Duftes an etwas erinnert?
- Wo treten im Alltag angenehme Gerüche auf?

Spiele für alle Sinne

DIE DUFT-ECKE

K
G

Ziele: über den Geruchssinn zur Entspannung finden, Duftmaterial zur Entspannung kennen und nutzen lernen
Material: duftende Blumen, Kräuter, Gewürze, Räucherkegel, Duftstäbchen, Duftöle o. Ä.

In einem abgeschirmten Bereich des Gruppenraumes kann eine kleine Duft-Ecke entstehen. So können in kleine Döschen gefüllte getrocknete Kräuter die Kinder dazu anregen, Düfte zu riechen, zu unterscheiden oder zu vergleichen. Unterschiedliche Gewürze wie Anissterne, Zimtstangen oder Nelken verströmen nicht nur ihren Duft, sondern aktivieren darüber hinaus den Tastsinn und die visuelle Wahrnehmung.

Reflektion:
- Zu Beginn eines Gesprächs- oder Spielkreises können die Kinder den anderen ihre Wahrnehmungen und Beobachtungen mitteilen.

SCHNURBILDER GESTALTEN

Ziel: über die Gestaltung eines Legebildes zur Ruhe kommen
Material: Bleischnur, Legematerial (z. B. Glasnuggets, kleine Tannenzapfen, Muggelsteine, Formen aus Holz o. Ä.), Schälchen, Glöckchen o. Ä., Entspannungsmusik

Zunächst wird das Legematerial in die Schälchen verteilt. Danach sucht sich jedes Kind einen Platz im Raum. Hier bekommt es eine Bleischnur und ein Schälchen mit Legematerial. Nachdem das Glöckchen zum Einsatz gekommen ist, darf nicht mehr gesprochen werden.

Aufgabe der Kinder ist es, mit der Bleischnur zu experimentieren, Muster, Figuren oder Formen zu legen und diese mit den Legematerialien zu gestalten. Leise Musik im Hintergrund unterstützt das Zur-Ruhe-Kommen der Kinder. Werden die Kinder unruhig oder haben die meisten ihre Legearbeit abgeschlossen, wird die Übung wieder mit dem Läuten des Glöckchens beendet.

Reflektion:
- Wodurch haben die Kinder zur Ruhe gefunden?
- Ist ihnen bei der Ausgestaltung ihrer Bilder etwas aufgefallen bzw. bewusst geworden?

Spiele für alle Sinne

FARBENTANZ

Ziel: über die visuelle Wahrnehmung in die Stille finden
Material: Pipetten, 2 bis 3 Lebensmittelfarben, 2 bis 3 kleine Schälchen, große Schüssel mit Wasser

Die Farben werden in die kleinen Schälchen gefüllt. In jedes Schälchen kommt eine Pipette. Die Kinder sitzen um die Schüssel mit Wasser herum. Das erste Kind beginnt und lässt mit der Pipette einen Tropfen Farbe in das Wasser fallen. Die Kinder beobachten nun schweigend, was passiert.

Hat sich die Farbe im Wasser verflüchtigt, ist das nächste Kind an der Reihe. Haben alle einen Farbtropfen in das Wasser gegeben, ist die Übung beendet.

Reflektion:
- Was haben die Kinder beobachtet?
- Kam es zur Entspannung? Woran haben die Kinder dies bemerkt?

DIE STILLE ECKE

Ziel: visuelle Reize zur Entspannung kennen und nutzen lernen
Material: Bilderbücher, Aquarium, Lavalampe, unterschiedliche Spiegel, Lupen o. Ä.

In der Einzelbeschäftigung haben die Kinder die Möglichkeit, sich in einem abgeschirmten Bereich intensiv mit Dingen zur visuellen Wahrnehmung zu beschäftigen, darüber zur Ruhe zu kommen und zu entspannen. So kann z. B. das Beobachten der sich sanft hin- und herwiegenden Wasserpflanzen und der ruhig durch das Wasser ziehenden Fische in einem Aquarium die Kinder zum Träumen anregen und sie zur inneren Ruhe führen. Jedes Kind bestimmt selbst, wie lange es sich in diesem Bereich aufhält.

Reflektion:
- Die Kinder teilen ihre Erlebnisse und Beobachtungen zu Beginn eines Spiel- oder Gesprächskreises mit, wenn sie das wollen.

Spiele für alle Sinne

MURMELMUSIK

Ziele: Schulung der akustischen Wahrnehmung, der Konzentration und der kinästhetischen Wahrnehmung
Material: flache Schälchen mit Rand (z. B. Glasschälchen, Tonuntersetzer o. Ä.), Murmeln

Zunächst bekommen die Kinder die Gelegenheit, mit dem Schälchen und der Murmel darin zu experimentieren. Ziel ist es, die Murmel am Rand des Schälchens entlang über einen längeren Zeitraum rollen zu lassen.
Sind die Kinder geübt darin, bilden alle einen Kreis. Schweigend setzt das erste Kind seine Murmel in Bewegung. Dann stimmt der linke Nachbar in die Murmelmusik ein. Nach und nach bringen alle Kinder ihre Murmel ins Rollen. So wie das erste Kind mit der Murmelmusik begonnen hat, so beendet es diese auch wieder. Die restlichen Kinder schließen sich der Reihe nach an. Am Ende verweilen alle noch eine kurze Weile schweigend und spüren nach.

Reflektion:
- Mit welchen Sinnen haben die Kinder die Murmelmusik wahrgenommen?
- Wie wurde der Rhythmus der kreisenden Murmeln erlebt?
- Was hat zur Entspannung beigetragen?

Spiele für alle Sinne

EIN BLATT FÄLLT VOM BAUM

Ziele: Schulung der akustischen Wahrnehmung und der Konzentration
Material: 5 bis 6 unterschiedliche Blätter

Die Kinder suchen sich eine bequeme Position im Sitzen oder Liegen. Der Spielleiter spricht den folgenden Vers:

„Ein Blatt fällt vom Baum,
fällt ganz leise,
du hörst es kaum."

Der Spielleiter lässt nun nach einer kleinen Pause eines der Blätter auf den Boden fallen. Sobald die Kinder glauben, das fallende Blatt gehört zu haben, öffnen sie die Augen wieder. Das Spiel wird mit den restlichen Blättern wiederholt.

Reflektion:
- Was haben die Kinder wahrgenommen?
- Wie schwierig war es, die stille Wartezeit auszuhalten?

GEHEN UND LIEGEN

Ziele: Schulung der akustischen Wahrnehmung, über den Rhythmus der Schritte zur Ruhe kommen

Die Kinder bilden zwei Gruppen. Eine Gruppe legt sich im Kreis auf den Boden, die Köpfe liegen in der Mitte, die Augen werden geschlossen. Die andere Gruppe geht nun um die liegenden Kinder herum. Dabei darf nicht gesprochen werden! Die um die liegende Gruppe kreisenden Kinder variieren die Richtung, in der sie gehen und den Abstand zur Gruppe. Die am Boden liegenden Kinder richten ihre Aufmerksamkeit auf die Schritte der Gehenden. Nach zwei bis vier Minuten wird die Übung beendet. Die Kinder tauschen die Positionen und das Spiel beginnt von vorne.

Variante:

In weiteren Spielrunden können sich die Kinder mit den Füßen zur Mitte auf den Boden legen, und sich später einen beliebigen Platz im Raum suchen.

Reflexion:
- Wie wurde die Übung von den Kindern in den unterschiedlichen Rollen erlebt?
- Konnten Kinder an ihrem Schritt erkannt werden?
- Was sagen Schritte über den Gehenden aus?

DIE LAUSCH-ECKE

K
G

Ziele: über die akustische Wahrnehmung zur Entspannung kommen, unterschiedliche Materialien zur Entspannung kennen und nutzen lernen
Material: Klangkugeln, Murmel mit Schale, Spieldose o. Ä.

Im Gruppenraum wird eine kleine Ecke eingerichtet, in der sich ein Kind zurückziehen kann. Hier stehen unterschiedliche Materialien bereit, die die akustische Wahrnehmung schulen und die Kinder zur Stille führen. Die Materialien können von Zeit zu Zeit ausgetauscht und von den Kindern ergänzt werden. Ist die Lausch-Ecke von einem Kind besetzt, darf es nicht von anderen Kindern gestört werden!

Reflektion:
- Kinder, die sich am Morgen in der Lausch-Ecke aufgehalten haben, können zu Beginn eines Gesprächs- oder Spielkreises von ihren Erlebnissen berichten.

Spiele für alle Sinne

SONNE UND WOLKEN

K
G

Ziele: Schulung der taktilen Wahrnehmung, Wärme und deren Nicht-Vorhandensein erspüren, innere Bilder entstehen lassen
Material: Rotlichtlampe, Bodenmatten

Die Kinder liegen so dicht wie möglich in Bauchlage nebeneinander auf dem Boden. Alle schließen die Augen und stellen sich vor, auf einer Wiese oder an einem Strand zu liegen. Es ist angenehm warm. Sonne und Wolken wechseln sich ab.

Die Spielleiterin stellt nun die Rotlichtlampe an und führt sie dicht über den Rücken der Kinder hin und her. Die Lampe vermittelt die Wärme der Sonne. Wenn sie weiterzieht, wird es etwas kühler, gerade so, als ob Wolken die Sonne verdecken. Die Rotlichtlampe wird so lange hin- und hergeführt, wie es für die Kinder angenehm ist.

Bei jungen Kindern ist es sinnvoll, die Handlung sprachlich zu begleiten.

Reflektion:
- Welche Unterschiede haben die Kinder beim Wechsel von „Sonne" und „Wolken" wahrgenommen?
- Welche Phase war angenehmer?
- Haben die Kinder den Wechsel von „Sonne" und „Wolken" schon einmal bewusst erlebt?

DER TASTKOFFER

Ziel: unterschiedliche Materialien ertasten und zuordnen
Material: kleiner Koffer, jeweils ein Paar Schwämme aus unterschiedlichen Materialien und in unterschiedlichen Größen und Formen, Augenbinde

Ein Kind holt den Tastkoffer. Es zieht sich die Augenbinde über und versucht nun, durch Tasten die jeweils zusammengehörenden Schwämme zu finden. Sind alle Paare gefunden, wird die Augenbinde abgenommen und das Ergebnis begutachtet.
Natürlich macht es auch Spaß, die Schwämme an unterschiedlichen Körperstellen auszuprobieren. Dies ist zudem äußerst entspannend!

Reflektion:
- Kinder, die den Tastkoffer ausprobiert haben, können ihre Beobachtungen und Wahrnehmungen, wenn sie dies wollen, im Stuhlkreis mitteilen.

Spiele für alle Sinne

DIE FÜHL-ECKE

K
G

Ziele: über die taktile Wahrnehmung in die Entspannung kommen, Materialien zur Entspannung kennen und nutzen lernen
Material: Bürsten, Pinsel, Schwämme, Federn, Tastsäckchen o. Ä.

In der Fühl-Ecke können die Kinder über die taktile Wahrnehmung in Kontakt mit sich selbst kommen und Momente der Stille und Entspannung erleben. Dazu stehen in einem vom übrigen Gruppengeschehen abgeschirmten Bereich unterschiedliche Materialien bereit. Die große Vielfalt an Möglichkeiten garantiert, dass dieser taktile Wahrnehmungsbereich nie langweilig wird.
Der Spielleiter achtet darauf, dass das Kind, das sich in der Fühl-Ecke aufhält, nicht von anderen gestört wird!

Reflektion:
- Kinder, die am Morgen die Fühl-Ecke besucht haben, können zu Beginn des Stuhlkreises über ihre Erlebnisse, Erfahrungen und Beobachtungen berichten.
- Welcher Gegenstand hat sich angenehm angefühlt, welcher nicht?

DER KÖNIGSTHRON

Ziel: bewusstes Wahrnehmen mit allen Sinnen
Material: besonders schöner Stuhl mit Kissen, eine Krone

K
G

Der Stuhl mit der Krone darauf wird an einem Platz aufgestellt, der etwas abgeschirmt ist und einen guten Überblick über das Geschehen gewährleistet. Immer wenn er frei ist, kann er von einem Kind aufgesucht werden. Es setzt sich die Krone auf und nimmt wie eine Königin bzw. ein König eine aufrechte, entspannte Position ein. Es kann nun das Geschehen um sich herum beobachten oder seine Augen schließen und dem Alltagstreiben lauschen. Auf jeden Fall bietet der „Königsthron" eine Möglichkeit des kurzen Innehaltens, des Beobachtens und Wahrnehmens mit allen Sinnen. Das Kind darf in dieser Zeit nicht gestört werden. Es bestimmt selbst, wie lange seine „Amtszeit" dauert.

Reflektion:
- Eine kurze Reflektion kann zu Beginn des Stuhlkreises erfolgen. Hier haben die Kinder die Gelegenheit, über ihre Wahrnehmungen und Beobachtungen zu sprechen.

Spiele für alle Sinne

Schichten des Inneren vor. Dadurch werden wiederum neue Einblicke, Erlebnisse, Entdeckungen und Erkenntnisse möglich.

Die Fokussierung der Wahrnehmung auf die Sinne setzt zum einen Ruhe oder auch Stille voraus. Zum anderen führt die starke Konzentration, z.B. auf einen Gegenstand, auf einen Reiz oder auf die eigene Person, wiederum zur Ruhe und in die Stille. Sinnesübungen sind somit geeignete Angebote, um Kinder spielerisch und sehr kindgemäß in die Entspannung zu führen und ihnen als Ausgleich für den oft hektischen Alltag Momente der inneren Ruhe zu verschaffen.

SPIELE FÜR ALLE SINNE

Entspannungsspiele für die Sinne vermitteln über den gezielten Einsatz der Sinne vertiefte Sinneserfahrungen. Dabei wird die Wahrnehmung der Kinder ganz bewusst auf einen Sinn reduziert. Es kommt zum einen zu einer starken Reizreduzierung, die oft als krasses Gegenteil der im Alltag vorherrschenden Reizüberflutung erlebt wird. Zum anderen führt eine bewusst reduzierte, selektive Wahrnehmung zu einer Wahrnehmungsbereicherung, da einzelne Sinne, die im Alltag vernachlässigt oder nicht mehr angesprochen wurden, nun wieder bewusst wahrgenommen werden.

In der gezielten Beschäftigung mit den Sinnen werden diese geschärft, die Konzentration wird geschult, die Körperwahrnehmung verbessert. Das Kind wird darin unterstützt, sich selbst, seine Mitmenschen, seine dingliche Umwelt und die Lebewesen darin bewusster wahrzunehmen.

Werden Spiele zur Sinneswahrnehmung regelmäßig angeboten, gewinnen die Kinder eine immer differenziertere Wahrnehmungsfähigkeit. Die Wahrnehmung bleibt nicht mehr nur an der Oberfläche haften, sondern dringt langsam bis in tiefere

DER VERSPERRTE WEG

Ziele: Anspannen der Beinmuskulatur, Entspannung als wohltuend erleben, Hinführung zur Progressiven Muskelentspannung (PM)

Die Kinder sitzen in zwei Stuhlreihen mit etwas Abstand einander gegenüber. Während alle die Beine ausgestreckt anheben und somit den Weg versperren, versucht ein Kind, sich den Weg freizuräumen. Dazu darf es die Beine der Kinder nacheinander sanft nach unten drücken. Das kann ganz schön schwierig werden, denn die Kinder spannen ihre Beinmuskulatur fest an, um möglichst lange den Weg zu versperren. Das Spiel ist dann zu Ende, wenn es das Kind geschafft hat, sich den Weg freizuräumen.

Reflektion:
- Wie schwierig war das Anspannen der Beinmuskulatur?
- Wie haben die Kinder das Loslassen der Spannung erlebt?

fallen sie auseinander und zerfließen auf dem Boden. Überall dort, wo ein Hagelkorn auf dem Boden liegt, breiten sich nun kleine Wasserpfützen aus. Ganz langsam schmelzen die Hagelkörner und werden zu kleinen Pfützen. Die Wasserpfützen sind noch eine Weile sichtbar. Doch dann saugt die Sonne sie auf und es bleibt nichts mehr von den Hagelkörnern übrig."

Die Kinder lösen ganz langsam die Körperspannung und lassen sich behutsam zu Boden sinken. Hier bleiben alle noch ein wenig liegen und spüren nach.

Reflektion:
- Wie schwirig war es, die Muskelspannung zu halten?
- Wie wurde die anschließende Phase des Lösens erlebt?
- Worin haben sich die beiden Phasen voneinander unterschieden?

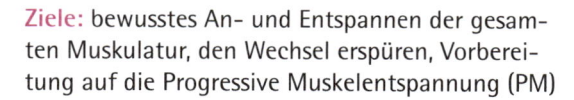

DIE HAGELKÖRNER

K
G

Ziele: bewusstes An- und Entspannen der gesamten Muskulatur, den Wechsel erspüren, Vorbereitung auf die Progressive Muskelentspannung (PM)

Hagelkörner sind kleine, feste Kugeln. Nach einer Weile schmelzen sie und es bleiben nur noch Wasserpfützen übrig.
Die Spielleiterin lädt die Kinder dazu ein, sich in ein solches Hagelkorn zu verwandeln. Alle legen sich dazu auf den Boden und machen sich ganz klein, indem sie die Beine anziehen und sie mit den Armen umschlingen. Der Kopf verschwindet zwischen den Knien. An entsprechender Textstelle spannen die Kinder ihre Muskeln an.

„Heute sind viele Hagelkörner vom Himmel gefallen. Sie liegen nun auf der Erde. Es sind große und kleine Eiskugeln, die ganz hart und ganz starr sind. Die Hagelkörner sind ganz hart. Es sind feste, gefrorene Eiskugeln, die da überall verteilt auf der Erde liegen. Manche Hagelkörner bewegen sich noch etwas im Wind, rollen ein wenig hin und her, aber sie haben immer noch die Form von runden, harten Eiskörnern.
Doch plötzlich scheint die Sonne. Die Hagelkörner beginnen langsam zu schmelzen. Ganz langsam

In weiteren Spielrunden kann die Zeit, in der die Kinder die Spannung halten müssen, mehr und mehr gesteigert werden.

Reflektion:
- Wie haben sich die Kinder in den unterschiedlichen Phasen gefühlt?
- Welche Unterschiede zwischen Anspannung und Entspannung haben sie beobachtet?

POPCORN

K
G

Ziele: Anspannen aller Muskeln und plötzliches Lösen der Spannung, Vorbereitung auf die Progressive Muskelentspannung (PM)
Material: Bodenmatten

....

Die Spielleiterin bereitet zusammen mit den Kindern Popcorn zu. Zu Beginn lässt sie ein Maiskorn herumgehen und die Kinder fühlen, wie hart das Korn ist. Nach der Popcornherstellung können dann alle im Vergleich dazu das aufgeplatzte Korn betrachten und es erneut befühlen.

Für die Entspannungsübung legen sich die Kinder auf die Matten. Alle machen sich ganz klein, indem sie in der Rückenlage die Beine eng an den Körper heranziehen. Sie spannen alle Muskeln an und verwandeln sich in ein hartes Maiskorn. Diese Stellung wird gehalten, bis die Kinder am Ende des Verses ein lautes „Plopp!" hören. Sofort lassen sie die Spannung ruckartig los und verwandeln sich in ein aufgeplatztes Popcorn. Alle nehmen eine bequeme Lage ein und ruhen sich ein wenig aus.

„Im Topf liegt ein Maiskorn, ganz hart und klein.
(Pause!)
Nach einem ‚Plopp!' wird es ein Popcorn sein!"

FESTHALTEN!

Ziele: plötzliches Anspannen der Muskulatur der Hände, die Entspannung als wohltuend erleben, Hinführung zur Progressiven Muskelentspannung (PM)

Material: kurze Seile, Stöcke o. Ä.

....

Die Kinder sitzen oder stehen im Kreis und schließen die Augen. Sie halten das Seil (oder den Stock etc.) mit beiden Händen vor sich. Die Hände müssen so weit auseinander sein, dass man dazwischengreifen kann. Ein Kind steht in der Mitte des Kreises. Es versucht nun, einem Kind das Seil aus den Händen zu ziehen. Gelingt dies, tauschen die beiden die Plätze. Hält das Kind das Seil aber fest, muss das Kind in der Mitte sein Glück woanders versuchen. Die Kinder müssen also ständig eine gewisse Grundspannung halten, weil sie jederzeit damit rechnen müssen, dass an ihrem Seil gezogen wird!

Reflektion:
- Was war anstrengend, was entspannend an der Übung?
- Haben die Kinder etwas besonders intensiv wahrgenommen?

Spiele für eine ausgewogene An- und Entspannung

DER SCHNEEMANN

K
G

Ziele: langsamer Auf- und Abbau der Körperspannung, den Wechsel wahrnehmen, über Bewegung zur Ruhe kommen

Alle gehen in die Hocke, machen sich ganz klein und rund. Der Text gibt die weiteren Bewegungen vor.
„Seht nur her, ich bin ganz klein,
werde bald ein Schneemann sein.
Denn heut fällt der Schnee hernieder,
und so wachsen meine Glieder.
Langsam baue ich mich auf,
erst die Beine, dann der Bauch.
Obendrauf, da sitzt mein Kopf,
als Hut dient mir ein alter Topf.
Dick und fest steh ich nun da,
und es geht mir wunderbar.
Doch da kommt die Sonne, oh Schreck!
Und ich schmelze einfach weg."

Die Kinder sinken am Ende langsam in sich zusammen, bis sie schließlich ausgestreckt auf dem Boden liegen. Hier spüren alle noch ein wenig nach, bis der Schneemann bei Neuschnee nochmal wächst ...

Reflektion:
- Wie haben die Kinder das langsame Wachsen als Schneemann erlebt?

wieder das lebensnotwendige Wasser, sodass sie erneut in sich zusammensinkt und nach unten hängt. Das Spiel kann jetzt noch einmal von vorne beginnen.

Reflektion:
- Wie haben die Kinder den Wechsel von An- und Entspannung wahrgenommen?
- Welche Phase war für sie angenehmer?

DER BLUMENTOPF

Ziele: Wechsel von An- und Entspannung spüren, Körperspannung kontrolliert auf- und abbauen, über langsame Bewegungen zur Ruhe kommen

Hat eine Topfpflanze zu wenig Wasser, lässt sie ihre Blätter und ihre Blüte hängen. Sobald sie Wasser bekommt, richtet sie sich aber wieder auf. Die Kinder ahmen diesen Vorgang nach. Sie stellen sich bequem hin und lassen den Oberkörper und ihre Armen locker vorne nach unten fallen.

„Eine Blume im Blumentopf
lässt hängen ihren Blütenkopf,
ganz traurig ist sie anzusehen.
Da bekommt sie Wasser,
beginnt langsam aufzustehen.
Sie schiebt sich nach oben,
Stück für Stück.
Welch' ein Glück!
Beginnt sich langsam zu bewegen,
dreht sich nun der Sonne entgegen."

Die Kinder richten sich an entsprechender Textstelle auf, schieben den Oberkörper langsam, Wirbel für Wirbel nach oben. Die Arme werden seitlich mitgeführt. In aufrechter Position drehen sie sich der Sonne entgegen. Nach einer Weile fehlt der Blume

Spiele für eine ausgewogene An- und Entspannung

der Spielleiter ruft: „Achtung, die Katze kommt!" kann das Spiel von vorne beginnen.

Reflektion:
- Was haben die Kinder wahrgenommen, als sie im Mauseloch lagen?
- Wie wurden die Phasen der Bewegung und der Bewegungslosigkeit erlebt?

DIE KATZE AUF DER LAUER!

Ziele: An- und Entspannung bewusst wahrnehmen, vorgegebene Ruhephase einhalten

Die Kinder flitzen als Mäuse im Raum umher. Sobald der Spielleiter ruft: „Achtung, die Katze kommt!", verschwinden alle in einem imaginären Mauseloch. Der Platz dafür wird vorher festgelegt. Die Kinder machen sich ganz klein und legen sich dicht nebeneinander.

Nun spricht der Spielleiter ganz langsam und deutlich den folgenden Text. Während dieser Zeit versuchen die Kinder, sich nicht zu bewegen.

„Die Mäuse sind ganz schön sauer,
denn die Katze liegt auf der Lauer.
Und so liegen alle dicht an dicht,
sind ganz leise, bewegen sich nicht.
Liegen dort eine ganze Weile,
denn die Katze hat keine Eile.
Doch dann schaut ein Mäuschen aus dem Loch.
Sitzt dort die Katze noch?
‚Nein, Gott sei Dank ist sie fort!'
Und was machen die Mäuschen auf der Stell'?
Sie flitzen umher, und zwar ganz schnell!"

Erst am Ende wird die Entspannung aufgehoben und alle bewegen sich wieder im Raum umher. Sobald

DER BLÄTTERTANZ

Ziele: Wechsel von Bewegung und Bewegungslosigkeit, von Anspannung und Entspannung erleben, Einhalten einer vorgegebenen Zeit in der Ruhelage
Material: Tamburin

Die Kinder verwandeln sich in Herbstblätter. Die Spielleiterin spricht den ersten Satz des kleinen Textes und ahmt auf dem Tamburin das Rauschen des Herbstwindes nach. Die Kinder bewegen sich dazu im Raum. Sobald sie den zweiten Satz spricht, gleiten alle langsam zu Boden. Hier ruhen sich alle ein wenig aus, träumen vielleicht vom Herbstwind, vom vergangenen Sommer oder vom bevorstehenden Winter.

„Der Herbstwind wirbelt die Blätter vom Baum.
Sie gleiten zu Boden und träumen ihren Traum."

Nach einer kurzen Ruhephase wirbelt der Wind die Blätter erneut durch die Luft. Das Spiel beginnt von vorne.

Reflektion:
- Wie haben die Kinder die gegensätzlichen Phasen wahrgenommen?
- Wie haben sie die Ruhephase gestaltet?
- Worin sehen sie den Nutzen der Entspannungsphase?

Spiele für eine ausgewogene An- und Entspannung

SCHLAFKÖNIG ODER SCHLAFKÖNIGIN

K G

Ziele: unterschiedliche Entspannungspositionen ausprobieren, bewusstes Verweilen in der Bewegungslosigkeit
Material: Zauberstab, CD- oder MP3-Player, Bewegungsmusik

Die Kinder sind zu einem Fest in einem Schloss eingeladen. Sie bewegen sich zur Musik im Raum. Bei Musikstopp wird plötzlich von einer bösen Fee, gespielt von der Spielleiterin, ein Schlafzauber über die Gäste gelegt. Alle werden ganz müde, legen sich in einer selbst gewählten Position auf den Boden und schlafen ein. Die „böse Fee" geht nun umher und beobachtet genau, wer ganz entspannt schläft und wer nicht. Wer sich bewegt, den berührt die „Fee" mit ihrem Zauberstab. Das Kind muss sich setzen. Wer am längsten bewegungslos liegen bleibt, wird am Ende Schlafkönig oder Schlafkönigin.
In weiteren Spielrunden können die Kinder unterschiedliche Liegepositionen ausprobieren.

Reflektion:
- Welche Liegepositionen waren besonders angenehm?
- Was haben die Kinder in der Ruhephase wahrgenommen?

DAS SAMENKORN

Ziele: bewusstes An- und Entspannen der Muskulatur, die Entspannung wahrnehmen

In manchen Mauerritzen sieht man kleine Pflanzen, die dort trotz des harten Gesteins und des geringen Platzes wachsen. Wie viel Kraft es wohl ein kleines Samenkorn kosten mag, sich in solch einer kleinen Mauerritze genügend Platz zum Wachsen zu verschaffen, können die Kinder in der folgenden Übung ausprobieren.

Sie machen sich ganz klein und stellen sich vor, in einer kleinen, engen Mauerspalte zu liegen. Damit sie wachsen können, spannen sie alle Muskeln an, um das Mauerwerk rundherum zu sprengen. Nach drei bis vier Versuchen gelingt es den Samenkörnern, an die Oberfläche zu kommen. Sie wachsen langsam nach oben, z.B. als Blume oder als Grashalm.

Reflektion:
- Was war anstrengend, was entspannend an der Übung?
- Woran haben die Kinder die Entspannung gespürt?

DER SCHWAMM

K G

Ziele: die Muskulatur bewusst an- und entspannen, Begleiterscheinungen der Entspannung als angenehm wahrnehmen
Material: Bodenmatten, Pipette, kleines Schälchen mit Wasser

Die Kinder verwandeln sich in einen Schwamm, der ganz klein und ganz hart ist. Sobald er mit Wasser in Berührung kommt, dehnt er sich aus und wird weich. Dies können alle an einem echten Schwamm ausprobieren. Danach spielen die Kinder die Verwandlung nach. Sie machen sich ganz klein und hart, indem sie alle Muskeln anspannen. Der Spielleiter geht nun mit der Pipette von Kind zu Kind. Wer einen Wassertropfen spürt, der lässt alle Spannung los und gleitet langsam ganz entspannt zu Boden.

Reflektion:
- Wie schwer bzw. wie leicht fiel es, alle Muskeln anzuspannen?
- Welche Form von Entspannung haben die Kinder gespürt?
- Was hat sich nach der Anspannung verändert?

- Waren die Ruhephasen angenehm oder unangenehm?
- Lassen sich solche „Lauschzeiten" in den Alltag integrieren?

DEM STEIN LAUSCHEN

K
G

Ziel: Naturmaterial als Entspannungsmedium nutzen
Material: große, flache Kieselsteine, CD- oder MP3-Player, Bewegungsmusik

Die Steine werden auf dem Boden verteilt ausgelegt. Die Kinder bewegen sich zur Musik im Raum. Setzt die Musik aus, legt sich jedes Kind neben einen Stein. Vielleicht möchte es ein Ohr auf ihn legen, um ihm besser lauschen zu können? Die Kinder konzentrieren sich eine selbst gewählte Zeit lang darauf, was ihnen der Stein „erzählt". Wer genug gehört hat, verabschiedet sich von dem Stein und setzt sich hin. Sitzen alle Kinder, setzt die Musik wieder ein.

Alle bewegen sich nun bis zum nächsten Musikstopp erneut im Raum. Dann sucht sich jedes Kind einen anderen Stein, dem es gerne zuhören möchte. Nach drei bis vier Runden wird die Übung beendet.

Variante:
Die Kinder nutzen andere Naturmaterialien.

Reflektion:
- Wie ist es den Kindern gelungen, die Sprache des Steines zu verstehen und seiner Geschichte zuzuhören?

DIE FLOHKISTE

Ziele: den Wechsel von Anspannung und Entspannung bewusst wahrnehmen, Einhalten der Liegeposition, Körperempfindungen beobachten

Die Kinder verwandeln sich in „Flöhe". Sie arbeiten in einem Flohzirkus und leben in einer Flohkiste, die nur zu den Zirkusvorstellungen geöffnet wird. Dann nutzen sie die Zeit, um aus der Kiste zu springen, sich zu bewegen und wild umherzuhüpfen. Nach dem ersten Teil des Verses beginnt die Flohhüpferei:
„Die Flohkiste geht auf,
die Flöhe hüpfen umher zuhauf."

„Die Flohkiste geht wieder zu,
endlich geben die Flöhe Ruh."

Wird der zweite Teil gesprochen, hören die Flöhe auf, sich zu bewegen. Sie legen sich auf den Boden, ruhen sich aus und spüren nach, bis die Flohkiste wieder geöffnet wird.

Reflektion:
- Was haben die Kinder in der Entspannungsphase wahrgenommen?
- Wie fühlen sie sich nach der Entspannung? Was hat sich verändert?

WETTRENNEN

K
G

Ziele: den Wechsel von An- und Entspannung wahrnehmen, damit einhergehende Körperreaktionen beobachten
Material: eine große Uhr

Die Kinder veranstalten ein Wettrennen der besonderen Art: ein Wettlaufen auf der Stelle. Die Gruppe einigt sich zunächst auf eine Zeit, die alle möglichst schnell und intensiv laufen sollen (z. B. zwei Minuten lang). Dann beginnt das Rennen. Alle laufen auf der Stelle. Ist die vorgegebene Zeit um, sollen sich die Kinder ausruhen und dabei auf Körperreaktionen achten (Schwitzen, erhöhter Herzschlag etc.). In weiteren Runden sollte die Laufzeit variiert werden.

Reflektion:
- Was haben die Kinder besonders intensiv wahrgenommen?
- Woran haben sie die Entspannung gemerkt?

GEHEN ÜBER DIE LINIE

Ziel: langsames, konzentriertes Gehen als Entspannungsmöglichkeit erleben

Material: auf dem Boden aufgemalte oder aufgeklebte Linie in Ellipsenform, Material zum Tragen (z. B. ein schöner Stein, eine Blüte ...), Entspannungsmusik, CD- oder MP3-Player

K
G

Die Kinder sitzen auf Stühlen um eine Linie herum. Die Spielleiterin geht zunächst langsam über die Linie, bis sie ihren Platz wieder erreicht hat. Nun fordert sie ein Kind durch Blickkontakt auf, es ihr gleichzutun. Sind alle Kinder über die Linie gegangen, legt die Spielleiterin den Gegenstand (z. B. einen Stein) auf ihre flache Hand. Nun geht sie wieder langsam über die Linie. In der nächsten Runde bleibt sie vor einem Kind stehen, überreicht ihm den Stein und nimmt den Platz des Kindes ein. Nun geht das Kind über die Linie und übergibt wiederum einem anderen Kind den Stein. So wandert er einmal im Kreis herum. Leise Musik im Hintergrund unterstützt die Kinder darin, zur Ruhe zu kommen.

Reflektion:
- Was ist den Kindern aufgefallen?
- Was haben sie über sich selbst erfahren?

All dies sensibilisiert Kinder, die vielfältigen Signale für Anspannung am eigenen Körper wahrzunehmen und Entspannung als wohltuenden Gegenpol zu erkennen und zu nutzen. Und je öfter der Wechsel von der Anspannung in die Entspannung geübt wird, umso schneller kann der Körper die Fähigkeit zur Entspannung steigern und in zunehmend kürzerer Zeit immer differenzierter entspannen. Die Übungen eignen sich insbesondere für sehr temperamentvolle, agile Kinder, da sie ihr Bedürfnis nach Bewegung befriedigen und Entspannung sehr körperorientiert wahrnehmen.

Übungen und Spiele, in denen es darum geht, die Muskeln „spielen" zu lassen, um An- und Entspannung zu spüren, sind eine gute Vorübung für das Erlernen der Progressiven Muskelentspannung nach Jacobson (PM), da die Kinder hier bereits zu einer entwicklungsgemäßen Differenzierung der Körperwahrnehmung hingeführt werden.

SPIELE FÜR EINE AUSGEWOGENE AN- UND ENTSPANNUNG

Ein ausgewogener Wechsel von An- und Entspannung, von Aktivität und Ruhe, von Bewegung und Bewegungslosigkeit ist notwendig, damit Kinder nicht ständig „unter Strom" stehen.
Entsprechende Übungen und Spiele führen behutsam in die Stille. Dabei können die Kinder zunächst über Bewegung körperliche und seelische Spannungen abbauen. Ihre Konzentration wird dadurch verstärkt auf die Wahrnehmung sowohl der psychischen als auch der physischen Symptome gelenkt, die mit dem Wechsel von An- zur Entspannung einhergehen. Die Aufmerksamkeit der Kinder wird von außen nach innen geführt, d. h., die Wahrnehmungsfähigkeit zur Unterscheidung von entspanntem zu angespanntem Zustand wird geschult und die Sensibilität für unterschiedliche Anspannungsintensitäten und -qualitäten wird erhöht. Zudem machen die Übungen und Spiele Zusammenhänge deutlich (z. B. Anspannung provoziert Muskelverspannungen oder ungesunde Atemmuster).

Magengrummeln oder Darmgeräuschen einhergehen kann, sollte den Kindern vorab erklärt werden.
Am Ende der Übungen und Spiele haben alle die Gelegenheit, über ihre Erfahrungen zu sprechen, Konsequenzen für das eigene Denken und Handeln daraus zu ziehen und den Transfer zum Alltag herzustellen.
Die Übungen und Spiele eignen sich für die Kita (**K**) und/oder für die Grundschule (**G**) und lassen sich in der Regel dem Alter, den Fähigkeiten und Interessen jeder Gruppe anpassen.

Jutta Bläsius

- Atemübungen
- Entspannungsrätsel, Visualisierungen, Fantasiereisen etc.

Entspannungsangebote haben einen positiven Einfluss auf körperlicher, geistiger und seelischer Ebene. Sie fördern die Entwicklung des Körperbewusstseins, der Körperwahrnehmung, des Selbstwertgefühls und der Konzentration. Sie stärken das Immunsystem, helfen dabei, sich zu sammeln, machen die Kinder insgesamt ausgeglichener, unterstützen dabei, eigene Bedürfnisse und Möglichkeiten zu erkennen und vermitteln Selbstwirksamkeit. Weitere Ziele, die sich speziell an den jeweiligen Entspannungstechniken orientieren, sind bei den einzelnen Übungen und Spielen aufgeführt.
Nur regelmäßiges Üben führt zum Erfolg. Daher sollten kleine Entspannungsübungen immer wieder in den Alltag integriert werden. Als Spielleiter oder Spielleiterin sollte man darauf achten, während der Übung selbst auch möglichst ruhig und ausgeglichen zu wirken. Vor jeder Entspannungseinheit sollte auch immer eine Bewegungsphase eingeplant werden, denn vor der Entspannung kommt die Anspannung! Und: Übungen bei geschlossenen Augen ermöglichen eine intensivere Wahrnehmung! Dass Entspannung auch mit körperlichen Reaktionen wie

EINLEITUNG

Innere und äußere Stressfaktoren belasten Kinder bereits im Kindergarten- und Grundschulalter und führen auf Dauer zu Problemen in den unterschiedlichsten Bereichen.
Aufgabe der pädagogischen Fachkräfte ist es, im Sinne einer salutogenetischen Orientierung (einer Entwicklung des Wohlbefindens) aktiv zu werden. Sie müssen sich, neben dem Klären ihres eigenen Verständnisses und dem persönlichen Umgang mit Entspannung methodisch und didaktisch mit einer kindgemäßen Entspannungspädagogik auseinandersetzen. Nur dann sind sie in der Lage, Kindern, und ebenso Eltern, Kollegen usw., die Zusammenhänge von Anspannung und Entspannung deutlich zu machen, ihnen unterschiedliche Stressfaktoren und die damit einhergehenden Stressanzeichen aufzuzeigen und entsprechende kindgemäße Entspannungsformen anzubieten. Ein breit gefächertes Entspannungsangebot führt Kinder an verschiedene Techniken heran und garantiert, dass jeder Entspannungstyp berücksichtigt wird. Folgende Entspannungstechniken sind für Kinder geeignet:

- Spiele zur An- und Entspannung
- Massagespiele
- Wahrnehmungs- und Stille-Übungen

INHALT

- **6** Einleitung
- **9** Spiele für eine ausgewogene An- und Entspannung
- **31** Spiele für alle Sinne
- **49** Spiele für eine lockere Muskulatur
- **71** Spiele für eine gesunde und beruhigende Atmung
- **87** Spiele mit entspannenden inneren Bildern
- **109** Verzeichnis der Spiele

Gerne nehmen wir Ihre Anregungen, Wünsche, Kritik oder Fragen entgegen:
Don Bosco Medien GmbH, Sieboldstraße 11, 81669 München
anregungen@donbosco-medien.de
Servicetelefon: (0 89) 4 80 08-3 41

Bibliografische Information der Deutschen Nationalbibliothek
Die Deutsche Nationalbibliothek verzeichnet diese Publikation in der Deutschen Nationalbibliografie; detaillierte bibliografische Daten sind im Internet über http://dnb.d-nb.de abrufbar.

1. Auflage 2014 / ISBN 978-3-7698-2056-0
© 2014 Don Bosco Medien GmbH, München
www.donbosco-medien.de
Cover: ReclameBüro, München
Layout Innenteil: Petra Hinterberger, das-grafikbuero.de
Lektorat: UNGER-KUNZ. Lektorat und Redaktionsbüro
Satz: Don Bosco Medien GmbH
Produktion: GrafikMediaProduktionsmanagement, Köln

Gedruckt in Polen

JUTTA BLÄSIUS

GRUNDLAGEN UND MEHR ALS 80 SPIELE ZUR
ENTSPANNUNG

DON BOSCO